가장 낮은 곳의 등불,
테레사 수녀

가장 낮은 곳의 등불,
테레사 수녀

개정판 1쇄 발행 | 2025년 5월 26일

지은이 | 조영경
그린이 | 임하라
펴낸이 | 박영욱
펴낸곳 | 깊은나무

주 소 | 서울시 마포구 월드컵로 14길 62 북오션빌딩
이메일 | bookocean@naver.com
네이버포스트 | post.naver.com/bookocean
페이스북 | facebook.com/bookocean.book
인스타그램1 | instagram.com/bookocean777
인스타그램2 | instagram.com/supr_lady_2008
X | x.com/b00k_0cean
틱톡 | www.tiktok.com/@book_ocean17
유튜브 | 쏠쏠TV·쏠쏠라이프TV
전 화 | 편집문의: 02-325-9172 영업문의: 02-322-6709
팩 스 | 02-3143-3964

출판신고번호 | 제 2013-000006호

ISBN 979-11-91979-67-1 (73810)

*이 책은 깊은나무가 저작권자와의 계약에 따라 발행한 것이므로 내용의 일부 또는 전부를 이용하려면 반드시 깊은나무의 서면 동의를 받아야 합니다.
*책값은 뒤표지에 있습니다.
*잘못 만들어진 책은 구입하신 서점에서 교환해 드립니다.

★머리말★

　부유한 집에서 태어난 테레사는 어려서부터 어머니와 함께 봉사 활동을 했어요. 그리고 신앙생활을 하면서 하느님의 몽당연필이 되어 가난한 이들을 위해 살기로 결심했지요. 그 결심은 세상을 떠날 때까지 흔들리지 않았어요. 자신보다는 가난한 사람을 먼저 생각하고 내 것을 갖기보다는 버림받은 사람을 위해 베푸는 삶을 살았지요. 때로는 가난한 이들을 위한 독재자들이 건네는 돈도 받아야 했으며, 병든 자들을 돌보기 위해 고집을 피우기도 했어요. 하지만 테레사는 허리가 굽을 정도로 병자들을 돌보고 심장병으로 고통받으면서도 가장 낮은 곳에 있는 이들을 돌보았답니다. 세상을 떠날 때 테레사가 가진 것은 해진 옷 두 벌과 십자가뿐이었지요. 또한 세상을 떠난 후에도 병든 자를 낫게 하는 기적을 두 번이나 일으켜 2016년 9월 4일에 성인품에 올랐답니다.

　세상에는 하루를 사는 것도 벅찬 사람이 많아요. 열심히 일을 해

　도 살기 버거운 사람도 있고 일을 하고 싶어도 할 수 없는 사람도 있어요. 병들어서 가족에게까지 버림받고 길거리를 헤매는 사람도 있지요. 그들에게는 다른 사람의 도움이 필요해요. 작은 도움이라도 그들에게는 운명이 바뀔 만한 기적이 되기도 한답니다.

　이 책은 테레사가 어떻게 많은 사람들에게 사랑하고 베풀며 살았는지에 대해 이야기하고 있어요. 세상에서 버림받고 짐승보다 못한 삶을 사는 사람들을 테레사는 사랑으로 감싸안았어요. 자신의 모든 것을 포기하고 오로지 가난한 자들을 위해 평생을 살았지요.

　세상은 혼자 살아갈 수 없어요. 서로 어울려 살아가기 위해서는 나눔과 배려가 필요해요. 물론 테레사처럼 일생을 바치는 것은 어려운 일이지만, 모든 사람을 사랑하는 마음을 가진다면 더 많은 사람이 행복한 세상을 만들 수 있을 거예요.

❤ 차례 ❤

머리말 4

1장 성인, 태어나다

- ★ 성녀가 된 마더 테레사 10
- ★ 거룩한 꽃봉오리 태어나다 14
- ★ 아버지의 죽음 18
- ★ 하느님의 부르심을 받다 26

2장 나침판을 찾다

- ★ 나침판이 이끄는 대로 32
- ★ 인도로, 인도로 37
- ★ 가난한 자들의 세상에 눈을 뜬 테레사 47

3장 가난한 자들의 어머니

★ 부르심 속의 부르심 58
★ 흰색 사리를 입은 수녀 66
★ 인도 시민권을 얻다 71

4장 하느님의 몽당연필이 된 수녀

★ 사랑의 선교회를 설립하다 78
★ 죽어가는 이들을 위한 집 87
★ 버려진 아이를 위한 곳 94
★ 세상에 버림받은 나병 환자를 위한 집 99
★ 사랑의 선교 수사회 106

5장 어둠을 밝히는 등불

★ 모두가 함께 만든 평화의 마을 112
★ 벵골의 어머니가 세계의 어머니가 되다 118
★ 세상이 필요로 하는 마더 테레사 123
★ 우리가 하는 일은 넓은 바다의 물 한 방울 133
★ 하느님의 곁으로 139
★ 성녀, 기적을 일으키다 143

테레사 효과 148

워크북 150

성녀가 된 마더 테레사

 2016년 9월 4일, 바티칸의 성 베드로 광장에는 12만 명이 넘는 사람들이 모였다. 광장 끝에는 평온하게 웃고 있는 테레사 수녀의 초상화가 걸려 있었다. 초상화를 바라보는 사람들은 모두 기쁨과 흥분에 휩싸여 있었다.
 프란체스코 교황이 마이크 앞에 서자 사람들의 시선은 모두 프란체스코 교황에게 쏠렸다. 그리고 순간 조용해지면서 성 베드로 광장에 프란체스코 교황의 목소리가 울려 퍼졌다.
 "성부와 성자와 성령의 이름으로 마더 테레사를 성인 테레사로 선포합니다."

교황의 말이 끝나자마자 사람들은 박수와 함께 탄성이 쏟아졌다.

"오, 주여!"

가톨릭 신자 가운데에는 성호(가톨릭에서 신자가 손으로 가슴에 긋는 십자가를 이르는 말)를 그으며 기도를 올리는 사람도 있고 감격에 겨워 눈물을 흘리는 사람도 있었다. 가톨릭 신자뿐만 아니라 전 세계 사람들이 테레사 수녀가 성인이 된 것을 진심으로 축하하고 축복했다.

보통 '성인'으로 인정받으려면 몇 세기가 걸린다. 그런데 가난하고 힘없는 사람을 돌보는 데 평생을 바친 테레사는 세상을 떠난 지 19년 만에 성인이 되었다. 암 투병 중이던 인도의 여성과 뇌종양을 앓던 브라질 남성을 완치한 기적을 인정받은 것이다.

테레사는 1950년에 〈사랑의 선교회〉를 설립해 세상에 버림받은 이들을 위해 평생을 바쳤다. 그리고 1979년에는 노벨 평화상을 수상했다.

"아무것도 가진 것이 없는 이들, 사회에서 버림받은 이들 모두 하느님의 자녀들입니다."

평생을 병든 자와 소외 받는 이들을 위해 애쓴 테레사는 해어진 무명 옷 두 벌과 십자가만 남기고 세상을 떠났다. 어머니의 사랑으로 모든 이를 안아 준 마더 테레사의 사랑은 지금까지도 전 세계 곳곳에 남아 있다.

거룩한 꽃봉오리 태어나다

1910년 8월 26일, 마케도니아의 수도 스코페에서 한 여자아이가 태어났다.

"아가, 그리고 라자르. 너희들의 여동생이란다."

"우와, 예뻐요."

"마치 꽃봉오리 같아요."

온 가족이 갓 태어난 아이에게서 눈을 떼지 못했다.

"그래, 이 아이에게는 '아그네스'라는 이름이 딱 어울리겠구나."

아그네스는 태어난 지 하루 만에 세례를 받고, '거룩한 장미 꽃봉오리'라는 뜻의 '아그네스 곤자'라는 세례명을 받았다.

아그네스가 태어난 스코페는 마호메트의 가르침에 따라 알라 신을 숭배하는 이슬람교 신자들이 많았다. 그 가운데 아그네스의 부모님은 독실한 가톨릭 신자였기 때문에 다른 사람들에게 눈총을 받기도 했지만, 아버지가 워낙 친절하고 솔선수범해서 사람들에게 평판이 좋았다. 뿐만 아니라 건축업과 무역업을 하는 아버지는 마을에서도 알아주는 유지인데다가 마을의 공공시설에 아낌없이 기부도 하고 정치에도 참여해 지역에서는 꽤 유명했다. 그리고 외국 출장도 잦아 외국어도 아주 잘했다.

"아빠, 이번에는 어느 나라에 가보셨어요?"

아버지는 외국 출장을 다녀오면 아이들에게 다른 나라 이야기를 해 주었다.

"이번에는 바다를 건너 아주 멀리까지 다녀왔지. 그 나라는 이곳과 날씨도 다르고 사는 모습도 다르단다."

다른 나라의 이야기를 들려주는 한편, 아버지는 아이들에게 알바니아인으로서의 자부심도 북돋아 주었다.

"얘들아, 우리는 알바니아인이라는 것을 늘 자랑스럽게 생각해야 해. 그리고 우리 조상과 전통을 잊어서도 절대 안 된다."

또한 아버지는 교육에도 관심이 많았다. 당시 알바니아 사람들은 여자들은 교육을 받아 봐야 소용없다고 생각했다. 그래서 학교에 다니는 알바니아 여자들이 별로 없었지만 아그네스의 아버지는 남자나 여자의 구분을 두지 않았다. 언니, 오빠와 함께 학교에 다니면서 아그네스는 선생님이나 작가의 꿈을 키워나갔다.

아그네스 아버지만큼 어머니도 신앙심이 깊은 가톨릭교도였다. 주말이면 가족과 함께 성당 미사에 참석하고 늘 성모와 함께하기를 아이들과 기도했다.

"엄마, 오늘도 빵을 나누어 주러 나가시는 거예요?"

아그네스의 어머니는 거의 날마다 거리로 나가 먹을 것을 나누어 주었다.

"응. 오늘은 아그네스도 함께 나갈래?"

어머니가 먹을 것을 싸들고 거리로 나가면 아그네스도 줄곧 따라 나갔다. 어머니는 거리의 굶주리고 병든 사람들에게 스스럼없이 다가가 먹을 것뿐만 아니라 필요한 물건을 나누어 주었다.

"아그네스, 우리는 모두 하느님의 자식이란다. 그러니 모두 사랑받을 권리가 있어."

아그네스는 어머니의 말을 귀담아들었다. 어머니가 바쁠 때는 아그네스 혼자 거리로 나가 먹을 것을 나누어 주었다.

아그네스와 형제들은 부족함 없는 환경 속에서 겸손하고 어려운 사람에게 베풀 줄 아는 따스한 아이들로 자라고 있었다.

아버지의 죽음

　스코페가 있는 발칸 반도는 예로부터 인종과 종교가 다른 사람들이 영토를 두고 끊임없이 싸우고 있었다. 1912년에는 제1차 발칸 전쟁으로 발칸 반도의 여러 지역이 새로운 동맹국으로 나뉘었다. 아그네스 가족이 있는 스코페는 알바니아의 새로운 국경 밖에 위치해 있어 세르비아에 속하게 되었다.

　그러는 가운데 1914년, 제1차 세계 대전이 시작되었다. 전쟁 통에 사람들은 먹을 게 부족해지고, 생활도 점점 어려워졌다. 아버지의 사업도 어려워져 늘 풍족했던 아그네스의 집도 먹을 것이 부족할 지경이었다. 그러다 보니 사람들의 인심도 흉흉해졌다. 세르비아인 이슬람교도 신자들 속에서 가톨릭 신자 그것도 알바니아인은 경멸의 대상이 되기도 했다. 가끔 아그네스 가족들에게 손가락질을 하는 사람도 있을 정도였다.

"엄마, 사람들이 무서워져요."

하지만 어머니는 다정한 목소리로 말했다.

"두려워하지 마라. 모두 하느님의 사랑을 받는 형제란다."

아그네스 어머니는 아이들을 다독이며 어려울 때일수록 더욱 열심히 기도했다.

어느새 아그네스도 학교에 갈 때가 되었다.

"아그네스, 내일부터 언니랑 같이 학교에 가는구나."

"네, 언니랑 같이 가는 것도 좋고, 수녀님을 매일 만날 수 있는 것도 좋아요."

아그네스는 수도원에서 운영하는 초등학교에 입학했다. 언니랑 함께 성가대원으로 활동하며 재미있게 학교생활을 했다.

그러는 사이 제1차 세계 대전도 끝나고 오랜만에 평화가 찾아왔다. 아그네스 아버지의 사업도 다시 활발해졌다. 아버지는 사업뿐만 아니라 전보다 더 활발하게 사회활동과 정치활동을 이어갔다. 알바니아 독립 운동에 참여한 아버지는 뜻을 같이하는 사람들과 단체를 만들어 활동했다.

하지만 모든 정치인들이 아그네스 아버지와 뜻을 같이하는 것은 아니었다. 반대파에서는 속속 아그네스의 아버지를 노렸지만, 재산도 많고 많은 사람에게 존경을 받고 있어서 함부로 대할 수 없었다.

그러던 어느 날, 아버지는 정치 문제를 의논하기 위한 모임에 참석하게 되었다. 어머니는 걱정스럽게 말했다.

"여보, 당신이 꼭 가야 해요? 그렇지 않아도 반대파에서 당신을 곱게 보지 않고 있는데……."

"내가 아니면 누가 가겠어요. 나는 알바니아인이오. 알바니아를 위해서도 내가 나서야 해요."

아버지는 걱정스러워하는 어머니를 뒤로 하고 집을 나섰다.

며칠 후, 회의에 참석하기 위해 떠났던 아버지는 도중에 피를 토하며 돌아왔다.

어머니는 급하게 의사를 불렀다.

"의사 선생님, 저희 집 양반이 왜 이런 건가요?"

아버지를 진찰한 의사는 힘없이 고개를 가로 저었다.

"안타깝지만 오늘밤을 넘기기 힘들 것 같습니다. 건강했던 분이 갑자기 이렇게 되다니……. 아마 독 때문인 것 같습니다."

"독, 독이요?"

어머니는 깜짝 놀랐다.

아그네스 가족은 아버지를 위해 기도하는 수밖에 없었다. 하지만 온 가족의 기도에도 불구하고 결국 아버지는 숨을 거두고 말았다.

아버지의 장례식이 있던 날, 스코페에 사는 모든 사람들이 슬픔을 같이했다. 상점들도 문을 닫고 아그네스 아버지의 죽음을 함께 슬퍼했다. 사람들은 아버지가 독살되었다고 의심했지만 원인을 밝혀내지는 못했다.

아버지가 세상을 떠난 후, 아그네스 집에 또 다른 불행이 덮쳤다. 아버지와 함께 사업을 하던 동업자가 아버지의 모든 재산을 빼앗은 것이다. 그 탓에 아그네스 가족은 살던 집에서까지 쫓겨나게 될 판이었다. 다행히 아버지가 시를 위해 일한 것을 인정받아 간신히 집 한 채는 지킬 수 있었다. 하지만 당장

먹고사는 것이 큰 문제였다.

"엄마……, 먹을 게 이것뿐이에요?"

"전쟁 때도 이보다는 나았는데……."

아이들은 초라해진 식탁을 보고 한숨을 쉬었다. 하지만 어머니는 애써 웃으며 말했다.

"걱정 마, 얘들아. 엄마도 일을 할 거야. 옷도 만들고 자수도 놓아서 팔 거란다. 돈을 벌 방법은 많아."

그러면서 당부의 말도 잊지 않았다.

"엄마는 열심히 일을 할 거야. 그러니까 너희는 매일 엄마와 함께 기도를 하자꾸나."

어머니는 수공예품을 파는 작은 가게를 열었다. 그리고 신앙생활도 열심히 하고 아이들이 올바르게 자랄 수 있도록 엄격히 가르쳤다.

어느 날, 세 아이가 거실에서 시끄럽게 뛰어 놀았다. 그 모습을 가만히 지켜보던 어머니가 벌떡 일어나서 불을 껐다.

"어머니, 왜 갑자기 불을 끄는 거예요? 너무 어두워요."

"무서워요."

그러자 어둠 속에서 엄한 어머니의 목소리가 들렸다.

"그렇게 놀기만 하고 시간을 가치 있게 쓰지 않으려면 차라리 어둠 속에서 가만히 앉아 있는 게 나아."

어머니의 목소리에 세 남매는 얌전히 앉아 자신들의 잘못을 깨달았다.

형편은 점점 더 나빠졌지만 어머니의 인심은 더욱 커졌다. 여전히 굶고 아픈 사람들을 보면 먹을 것이며 입을 것을 나누어 주었다.

"어머니, 우리가 먹을 것을 다 나누어 주면 어떻게 해요?"

"얘들아, 저 사람들도 모두 우리와 같은 하느님의 자녀들이야. 배고픈 형제들에게 먹을 것을 나누어 주는 것이 당연하지."

어머니 말에 아이들은 고개를 끄덕였다.

"맞아요, 어머니. 형제들이 힘들어 하는데 그냥 두고 볼 수는 없어요."

"내가 먹을 빵도 나누어 줄래요."

"나도, 나도!"

아이들 말에 어머니는 흐뭇하게 웃음을 지었다.

"너희들이 얼마나 자랑스러운지 모른단다."

비록 아버지는 세상을 떠났지만 어머니의 사랑을 듬뿍 받은 아그네스의 형제들은 우애가 더욱 깊어졌다.

하느님의 부르심을 받다

어느덧 아그네스는 열다섯 살이 되었다. 오빠 라자르는 오스트리아로 유학을 떠나고, 집에는 어머니와 언니 그리고 아그네스만 남았다. 아버지도 없고 오빠도 집을 떠나자 아그네스는 허전한 마음을 달래기 위해 성당을 찾는 일이 잦았다.

그러던 어느 날, 성당에 얌브렌코비치 신부가 부임해왔다. 얌브렌코비치는 젊고 열정으로 가득 차 있었다. 가톨릭 신자가 지켜야 할 교리를 지키면서도 즐겁게 봉사하는 신부였다.

"신부님이 오시고 난 후로 성당이 더욱 재미있어졌어요. 연극이나 공연으로 하느님의 이야기를 하니 사람들이 더 즐거워

하는 것 같아요."

"그래? 그렇다면 다행이구나. 그런데 아그네스, 지난번에 도서관에서 보니까 봉사에 관한 책을 읽고 있더구나."

신부 말에 아그네스는 미소를 지었다.

"네. 저는 어려서부터 엄마랑 같이 봉사를 다녔어요. 예전에는 글을 쓰거나 아이들을 가르치는 일을 하고 싶었는데, 지금은 다른 사람을 위해 봉사하며 살고 싶어요."

"그래? 그러면 이걸 한번 보겠니?"

신부는 아그네스에게 자신이 가지고 있던 사진을 보여 주었다.

"이것은 인도의 콜카타에서 봉사하는 로레토 수도회 선교사들이 보내온 것이란다."

사진을 받아 든 아그네스는 깜짝 놀랐다. 거리에 몹시 야위고 병든 사람들이 아무렇게나 쓰러져 있었기 때문이다. 사진 속 사람들의 얼굴에서는 아무런 희망도 보이지 않았다.

"세상에! 정말 이렇게 사는 사람들이 있나요?"

아그네스 말에 신부는 고개를 끄덕이며 말했다.

"안타깝게도 그렇단다. 이 편지들은 이곳에서 봉사하는 신부님과 수녀님들이 보내온 것이야. 읽어보렴."

아그네스는 편지를 꼼꼼하게 읽었다. 인도에서 힘들게 사는 사람들의 이야기도 놀랍지만 그곳에서 봉사를 하고 있는 신부와 수녀들의 이야기도 큰 충격이었다.

"신부님, 인도는 다른 신을 믿는다면서요. 어떻게 하느님의 말씀을 전해요?"

"신부님들은 하느님의 말씀만 전하는 게 아니야. 그들과 함께 고민하고 그들을 도우면서 사랑을 실천하는 거란다."

아그네스는 다른 사진들도 꼼꼼히 살펴보았다. 지치고 병든 사람들 사이로 봉사하는 신부와 수녀의 모습도 보였다.

'봉사하는 수녀님과 신부님들은 모두 환하게 웃고 있어. 도대체 무엇이 그분들을 웃게 한 걸까? 분명히 힘들 텐데 몸과 마음을 다 바친 모습이 정말 아름다워.'

어느새 아그네스는 인도에서 봉사 활동을 하는 수녀들에게 마음을 빼앗기고 말았다. 얌브렌코비치 신부는 인도 벵골 지방에서 봉사하는 신부들의 선교 활동에 대해 자주 이야기를 해 주었다.

어느새 아그네스 마음에 인도가 자리 잡기 시작했다. 만약 봉사를 한다면 인도에서 고통받는 이들과 함께하는 것도 나쁘지 않겠다고 생각했다. 인도에서 봉사하는 사제들이 스코페에 방문해 강연을 하는 자리에 아그네스도 참석했다.

"신부님, 왜 인도가 이리도 가깝게 느껴질까요. 인도에 계신 선교사분들이 정말 아름다워요. 저도 함께하면 좋을 것 같아요."

그러자 얌브렌코비치 신부가 말했다.

"네가 기쁨을 느낀다면 그 기쁨은 나의 삶이 어느 방향을 향해야 하는지 알려주는 나침반과 같은 거란다. 그러니 아무리 어려운 일이 있더라도 그 길을 따라 가야 하는 거야. 하느님의 자녀로서 다른 삶의 고통을 외면하면 안 된단다."

이제 아그네스에게 인도는 더 이상 먼 곳이 아니었다.

2

나침판을 찾다

나침판이 이끄는 대로

아그네스 가족은 해마다 몬테네그로에 있는 레트니스 성모 마리아 성당으로 성지 순례를 갔다. 성당에서 혼자 기도하기를 좋아하는 아그네스는 열여덟 살 생일을 앞둔 어느 날, 성모 마리아와 아기 예수상 밑에서 무릎을 꿇고 기도를 했다.

"성모님, 성모님의 가르침을 따라 고통받는 사람들에게 하느님의 사랑을 전하고 싶습니다. 앞으로 제가 그들을 위해 일하기를 허락해 주세요."

아그네스는 촛불을 켜고 조용히 하느님께 기도를 올렸다. 바람 소리도 들리지 않는 가운데 아그네스는 마음 깊은 곳에서 울리는 목소리를 들었다.

〈네가 바라는 곳으로 가라. 내가 항상 너와 함께하겠느니라.〉

"오, 하느님!"

아그네스는 그 목소리가 하느님의 부르심이라는 것을 깨달았다. 아그네스는 기쁨에 넘쳐 눈물을 흘리고 말았다.

"하느님이 나를 부르고 계셔. 하느님이 나를 필요로 하시는구나."

아그네스는 가슴이 벅차올랐다. 집으로 돌아오는 길에도 그 설렘은 사라지지 않았다. 늘 다니던 거리가 지금까지와는 전혀 다르게 보이기도 했다. 이제 자신이 가야 할 길이 어디인지 확실하게 알게 된 아그네스에게 새로운 세상이 열린 것이다.

"어머니, 저는 수녀가 될래요. 그리고 인도로 가서 하느님의 사랑을 전하겠어요."

아그네스는 어머니에게 자신의 뜻을 전했다. 어머니는 깜짝 놀랐다.

"아그네스, 수녀가 되면 얼마나 많은 고통이 따르는지 아니? 엄마는 네가 그 힘든 길을 가겠다는데 무조건 찬성할 수만은 없구나."

신앙심이 깊은 어머니였지만, 막상 자신의 딸이 성직자의 길을 가려고 한다니 선뜻 마음이 내키지 않았다. 게다가 아들 라자르도 집을 떠나 있는데, 막내딸인 아그네스까지 집을 떠날 것이라 생각을 하니 마음이 더욱 아팠다.

오빠 라자르도 아그네스가 수녀가 되려는 사실을 알고 편지를 보내왔다. 라자르는 학교를 졸업하고 알바니아에서 장교로 근무하고 있었다.

〈아그네스, 어린 마음에 성직자가 되겠다고 결심한 것 같구나. 누구나 어렸을 때는 한 번쯤 그런 생각을 하기도 해. 하지만 네가 아니더라도 세상을 위해 봉사할 사람은 많단다. 스스로 어려운 길을 가지 말고 그냥 어머니 곁에서 이웃을 위해 봉사하길 바란다.〉

편지를 받은 아그네스는 라자르에게 답장을 했다.

〈오빠, 오빠는 200만 명을 다스리는 알바니아 국왕을 위해 일하고 있지만, 나는 온 세상을 다스리는 하느님을 위해 일할

거예요.〉

아그네스의 답장을 받은 오빠는 고개를 가로저었다.

"아그네스, 진심이구나. 아무도 너를 막지 못할 거야."

어머니는 여전히 아그네스가 수녀가 되려는 것을 허락하지 않았다. 그러던 어느 날. 어머니는 하루 종일 방에서 나오지 않았다. 그리고 오직 아그네스만을 위해 기도를 했다.

이튿날, 어머니는 결심한 듯이 아그네스에게 말했다.

"아그네스, 이제 내가 네 이름을 부를 수 있는 것도 이게 마지막이겠구나. 수녀가 되는 먼 길을 떠나면 이제 네 얼굴을 볼 수 없을지도 몰라. 그래도 주님께서 너를 부르고 네가 그 길을 가고자 하니, 너의 길을 축복할 수밖에 없구나."

마침내 어머니는 아그네스가 수녀가 되는 것을 허락했다.

"어머니, 고맙습니다."

아그네스는 어머니 품에 안겨 울음을 터뜨렸다. 어머니 역시 아그네스를 꼭 껴안고 눈물을 흘렸다.

"아그네스, 무슨 일이든 정성과 마음을 다하도록 해. 성모님께서 항상 너와 함께할 거야."

아그네스는 어머니의 말을 가슴 깊이 새겼다. 훗날 어려운 일이 있을 때마다 어머니의 말은 아그네스에게 커다란 힘과 용기가 되었다.

인도로, 인도로

"아그네스, 네가 원하는 봉사를 하려면 우선 아일랜드에 있는 로레토 성모 수도회로 가는 것이 좋겠다. 거기에서 인도로 건너가면 될 거야. 추천서는 내가 써 주마."

얌브렌코비치 신부는 아그네스에게 로레토 성모 수도회를 추천해 주었다. 아그네스가 지원서를 내고 얼마 뒤, 바라던 입학 허가서가 도착했다.

"신부님, 수녀원에서 입학을 해도 된대요!"

아그네스는 마치 당장이라도 수녀가 된 것처럼 기뻤다.

"어허, 아직 기뻐하기에는 일러. 아그네스, 이건 단순히 입학 허가서일 뿐이야. 6개월 동안 교육을 받고 그 뒤에 예비 수녀가 될 거야. 그리고 정말로 하느님을 위해 일할 수 있는지 계속 확인을 하겠지. 그렇게 한 십 년은 지나야 종신서원(일생을 마칠 때까지 하느님에게 자신을 바치기로 하느님에게 약속하는 행위)을 하고 진짜 수녀가 될 수 있단다."

"어휴, 생각보다 기네요. 그래도 미리 겁주지는 마세요. 저는 잘할 수 있어요!"

아그네스 말에 얌브렌코비치 신부는 웃으며 말했다.

"그럼, 다른 사람 같았으면 내 얘기를 듣자마자 질렸을 거야. 아그네스, 너는 잘할 수 있어. 분명히 좋은 수녀가 될 수 있을 거라 믿는다."

얌브렌코비치 신부의 말에 아그네스는 또 한 번 마음을 다잡았다.

그렇게 1928년 9월 26일, 아그네스는 정든 고향을 떠나 로레토 수도회가 있는 아일랜드로 향했다.

"아그네스, 아일랜드까지는 아주 멀 거야. 끝까지 같이 못 가더라도 중간까지는 함께 가 주마."

"엄마, 언니. 고마워요."

아그네스는 가족과 헤어져야 한다는 것이 슬펐지만, 자신의 길을 축복해 주는 엄마와 언니를 위해 눈물을 꾹 참았다. 기차역에 나오니 이미 성당 성가대 친구들을 비롯한 마을 사람들 나와 있었다. 모두 아그네스와 작별을 아쉬워했다.

"아그네스, 건강해야 해. 그리고 수녀가 되어 꼭 다시 만나자."

"그래, 얘들아! 잘 있어."

기차가 움직이기 시작하자 친구들은 손수건을 흔들었다. 아그네스도 친구들이 보이지 않을 때까지 손을 흔들었다.

엄마와 언니하고는 기차를 갈아타야 하는 자그레브에서 헤어졌다.

"이제 진짜 이별이구나. 아그네스, 아일랜드까지 조심해서 가고 부디 건강해라."

"우리는 또 언제 만날 수 있을까……."

아그네스는 엄마와 언니와 눈물을 흘리며 이별을 했다. 엄마와 언니와 헤어져 혼자 덩그러니 남은 아그네스에게 누군가

다가왔다.

"혹시 로레토 수도회까지 가니? 나도 거기까지 가는데."

아그네스 또래로 보이는 소녀는 자신을 베티카라고 소개했다.

"아, 반가워. 앞으로 함께 생활하겠구나."

두 소녀는 서로 의지하며 아일랜드로 향하는 배에 올랐다. 그들이 로레토 수도회에 도착하자 수도회의 수녀가 반갑게 맞이해 주었다.

"어서들 오세요. 우선 옷부터 갈아입으셔야겠네요. 여기에서는 바깥에서 입었던 옷을 입을 수 없답니다."

아그네스와 베티카는 로레토 수도회에서 입는 넓게 퍼지는 긴 옷을 입고 베일을 썼다. 그리고 새벽 5시에 일어나 미사를 드리고 영어와 수도회의 규칙을 익혔다. 또한 인도로 건너가 활동하기 위해 벵골어와 힌두어도 배웠다. 그렇게 6주 동안 훈련을 받은 아그네스와 베티카는 정식으로 수련 수녀에 지원할 수 있게 되었다.

"드디어 인도로 간다!"

"여기 아일랜드에서 인도까지는 배를 타고 한 달도 넘게 걸린대. 그때까지 어떻게 참지?"

아그네스와 베티카는 설레는 마음을 안고 1928년 12월에 인도로 가는 배에 올라탔다.

"인도는 어떤 곳일까?"

"정말 궁금해. 앞으로 우리에게 어떤 일이 펼쳐질까?"

두 사람은 잔뜩 기대에 부풀어 있었다. 긴 여행도 인도에 도착할 그날을 생각하면 하나도 지루하거나 불편하지 않았다. 단 한 가지 아쉬운 것은 배에 가톨릭 사제가 타고 있지 않다는 것이었다. 다른 수녀 세 명과 개신교 신자만 여러 명 타고 있어서 미사를 올리고 고해를 들어줄 사람이 없었다. 게다가 곧 크리스마스가 다가왔다.

"오늘이 성탄절인데 미사를 드리지 못하니 어쩌지?"

"어쩔 수 없지. 그냥 우리끼리 기도를 드리자."

두 사람은 달빛이 바닷물에 비출 때 갑판에서 예배를 보고 크리스마스 캐럴을 불렀다.

드디어 이듬해 1929년 1월 6일, 두 사람이 탄 배가 부두에 닿았다. 아그네스와 베티카는 경건한 마음으로 배에서 내렸다. 배에서 내리자마자 아그네스는 인도의 흙을 손으로 만졌다.

"우리가 훌륭하고 용기 있는 선교사가 되게 해 주세요."

잠시 눈을 감고 기도를 올린 아그네스는 베티카와 함께 다시 기차를 타고 로레토 수녀원이 있는 콜카타까지 갔다.

"멀리 오셨네요. 반가워요."

로레토의 수녀가 두 사람을 반갑게 맞이했다.

"여기서 수련을 받으면 되나요?"

"아니에요. 다르질링이라는 곳으로 가세요. 그곳에서 6개월 동안 수련을 받으셔야 합니다."

아그네스와 베티카는 다시 히말라야 산맥에 있는 다르질링 수녀원으로 떠났다.

다르질링은 히말라야 산맥 한 자락에 있는 관광도시이다. 아름답고 쾌적한 휴양지로 부자들이 휴가를 보내는 곳이지만, 산간에서 사는 사람들은 가난하고 병든 사람이 많았다. 아그네스가 수련을 받은 다르질링 수녀원은 아이들을 가르칠 뿐만 아니라 의료시설도 갖추고 있었다. 그래서 가난한 사람들은 치료를 받기 위해 수녀원으로 찾아왔다. 온몸이 상처투성이인 사람들과 여윈 어린아이들이 병원 앞에 줄을 섰다. 때로는 서너 시간씩 산길을 걸어와 병원 앞에서 쓰러지는 사람도 있었다.

"이토록 아름다운 자연 속에서 이렇게 고통받는 사람들이 살고 있다니."

아그네스는 의사를 도와 환자들을 정성껏 치료했다. 치료를 받은 환자들이 환한 얼굴로 돌아 가는 것을 볼 때 마다 아그네스도 행복했다. 만약 치료를 제대로 받지 못하거나 약을 얻지 못하고 돌아가는 사람들이 있으면 아그네스는 기도를 했다.

"이곳에는 아프고 비참하고 불행한 사람들로 넘쳐납니다. 하느님, 부디 그들에게 축복을 내려 주세요."

또한 아그네스는 매일 2시간씩 학교에서 아이들을 가르치고 벵골어와 힌디어를 공부했다. 시간이 지나 수련 수녀가 된 아그네스는 그 후로도 교육을 계속 받았다.

드디어 1931년 5월 24일, 아그네스는 하느님에게 약속하는 첫 번째 서원을 하고 정식 수녀가 되었다. 영원히 예수님의 신부로 살아가겠다는 증표로 아그네스는 손가락에 가느다란 금반지를 끼웠다.

"저는 이제 아그네스 곤자가 아닌 예수님의 작은 꽃, 테레사로 다시 태어났습니다."

아그네스는 자신의 수도자 명을 '테레사'라고 지었다. 평소에 존경하는 프랑스 리지외의 성녀 테레사의 이름을 딴 것으로 '작은 꽃'이라는 뜻이다. 리지외의 테레사는 작은 일에도 사랑과 정성을 다한 겸손한 성인이었다. 아그네스는 그 마음을 가슴에 새기며 평생을 함께하기로 다짐했다.

수련 기간을 마친 테레사는 다르질링을 떠나 콜카타 시에 있는 로레토 수녀원으로 가게 되었다. 로레토 수녀원은 아주 조용하고 아름다웠다. 로레토 수녀회에서는 학교를 여섯 개 운영하고 있었다. 테레사는 수녀원 안에 있는 성 마리아 학교에서 여학생들에게 지리와 역사 그리고 영어를 가르쳤다. 동이 트기 전에 일어나 학생들을 가르치고 기도와 종교 수업을 받으며 하루에 18시간씩 일을 했지만 힘든 줄 몰랐다.

"정말 행복해. 신나! 이렇게 행복한 수녀는 나밖에 없을 거야."

학교에서 아이들을 가르치면서 테레사는 바깥세상은 잠시 잊고 지냈다.

가난한 자들의 세상에 눈을 뜬 테레사

1935년, 테레사는 수녀원 밖으로 나가지 못하는 규정에서 제외되었다. 이제 수녀원 밖에 있는 학교에서도 아이들을 가르칠 수 있게 되었다.

"드디어 수녀원에서 나갈 수 있게 되었어. 흠~, 이게 얼마 만에 맡는 바깥 냄새야."

테레사는 잔뜩 기대하며 수녀원 밖으로 나왔다. 하지만 학교까지 짧은 거리를 걸으면서 테레사는 콜카타의 진짜 모습을 보게 되었다.

콜카타는 아주 큰 도시였다. 아름다운 집과 건물이 많았지만 거리 곳곳에 쓰레기 더미가 쌓여 있고 썩는 냄새가 코를 찔렀다. 쓰레기 더미 옆에는 길거리를 떠도는 사람들과 병든 사람들이 쓰러져 있었다. 다들 힘도 없고 눈동자도 퀭했다.

"오, 하느님. 내가 그동안 눈이 멀었구나."

로레토 수녀원에서 평온하게 보냈던 테레사는 높은 벽 너머의 비참한 빈민가를 보고 가슴이 아팠다. 테레사가 가르칠 학생들 가운데에는 질병과 불행으로 찌든 빈민가에서 살고 있는 아이도 있었다. 학교 환경도 그다지 좋지 않아 테레사는 학교를 둘러본 후 청소도구를 찾았다.

"아이들이 이렇게 지저분한 곳에서 공부하게 할 수는 없어."

테레사는 직접 청소를 했다.

"어머, 수녀님. 지금 뭐하시는 거예요?"

"어떻게 수녀님이 청소를……."

인도는 예전부터 계급이 나누어져 있어 차별이 심한 편이다. 같은 반 친구라도 계급에 따라 따로 앉고 하는 일도 달랐다. 그 가운데 청소는 최하층 계층만이 한다. 그런데 수녀가 직접 빗자루와 걸레를 들고 학교를 청소하는 모습을 본 학생들은 놀라지 않을 수 없었다.

"수녀님이 청소를 하시는데 우리가 가만히 있을 수는 없어."

"맞아, 우리가 공부할 교실이니까 우리가 치우자."

학생들은 테레사를 돕기 시작했다. 테레사와 함께 자신들이 공부할 교실을 깨끗하게 치우고 잘 정돈했다.

"테레사 수녀님은 정말 친절해. 궂은일도 마다 않으시고 말이야."

"맞아, 꼭 엄마 같아."

학생들은 테레사를 잘 따랐다. 모든 일에 적극적이고 헌신적인 테레사를 엄마라는 뜻인 '마더'로 부르기도 했다.

1937년, 스물일곱 살이 된 테레사는 평생 하느님만을 사랑하고 따르겠다는 종신서원을 했다. 이제 평생 하느님을 따르며 살기로 한 것이다. 종신서원을 했어도 테레사는 늘 그렇듯 기도하고 아이들을 가르치는 일을 게을리하지 않았다.

서른네 살이 되자 테레사는 성 마리아 학교 교장으로 추천받았다.

"마더 테레사는 학생들을 정말 잘 가르치는 것 같아요. 이번에 학교를 맡아서 운영해 보는 게 어떨까요?"

"제가 어떻게 감히 교장 선생님 자리에 오를 수 있겠어요. 저는 아직 젊고 경험도 별로 없어요."

테레사는 거절했지만 다른 수녀들이 찬성을 했다.

"그래도 학생들이 수녀님을 잘 따르잖아요. 엄마처럼 생각하는걸요."

"맞아요, 인도어도 잘하구요. 나이가 무슨 상관이에요."

그렇게 테레사는 성 마리아 학교의 교장이 되었다. 테레사는 모든 학생들에게 하느님의 뜻에 따라 착한 일을 하고 가난한 이들에게 사랑과 나눔을 실천하도록 가르쳤다.

"교장으로서 학생들에게 가난한 사람과 함께 나누는 삶에 대해 가르칠 거야."

하지만 테레사의 뜻에 반대하는 부모들도 있었다.

"우리 아이는 브라만 계급이에요. 그런데 불가촉천민들이 있는 곳으로 봉사를 간다고요?"

"내 아이를 더럽히지 말아요. 도대체 무슨 생각으로 그렇게 위험한 짓을 하는 거죠?"

하지만 테레사는 결심이 흔들리지 않았다.

"내 학생들도 소중하지만, 고통받는 빈민가 사람을 모른 척할 수 없어. 아이들이 계급과 상관없이 서로 돕고 어울릴 수 있도록 가르쳐야 해."

그러던 어느 날, 테레사는 병원에 봉사를 하러 갔다가 병원 앞에 쓰러져 있는 할머니를 발견했다. 테레사와 수녀들을 할머니를 얼른 병원으로 옮겼다.

"의사 선생님, 이 사람 좀 도와주세요."

환자를 진료한 의사가 말했다.

"영양실조네요. 치료를 하면 괜찮아지실 거예요. 그런데 치료비는 있으시겠지요? 아무리 수녀님이라고 해도 치료비가 없으면 치료를 할 수 없습니다."

"선생님! 사람이 죽어 가고 있어요. 우선 치료부터 해 주세요, 제발……."

수녀들이 의사에게 간곡하게 부탁했지만 할머니는 병원 밖으로 쫓겨나고 말았다. 결국 할머니는 차디찬 길에서 숨을 거두고 말았다.

당시 인도는 영국의 식민지였다. 제2 차 세계 대전이 일어나자 영국은 인도 군인들을 강제로 모집하고 심지어 식품과 물품을 요구하기도 했다. 힘들게 살던 인도의 국민들은 그나마 있는 것도 모두 영국에게 빼앗겨 생활이 어려웠다. 게다가 엄청난 홍수와 폭풍이 연이어 몰려와 계속 흉년이 들었다. 그 탓에 두 해 동안 수십만 명이 넘는 사람들이 굶주림과 병으로 목숨을 잃었다.

다행히 수녀원 안에서 생활하는 테레사와 수녀들 그리고 학생들은 가톨릭교회로부터 도움을 받고 있었다. 그래서 음식이 부족한 적이 별로 없었다. 하지만 수녀원 밖에서는 먹지 못해 죽는 사람이 점점 늘어가고 있다는 사실을 안 테레사는 마음이 무거웠다.

'내가 병들고 가난한 사람들을 위해 할 수

있는 게 무엇일까? 이렇게 수녀원에서 학생들을 가르치고 죽어가는 그들을 위해 기도를 드리는 게 최선일까?'

그렇게 고민을 계속하던 1946년 8월, 인도 콜카타에서 이슬람교와 힌두교 사이에서 큰 충돌이 일어났다. 영국으로부터 독립하기 위해 애쓰는 한편, 힌두교와 이슬람교의 긴장이 점점 늘어난 것이다. 두 종교의 긴장감은 결국 폭력으로 번져 며칠 사이 수천 명이 목숨을 잃었다. 먹을 것이 부족하지 않았던 로레토 수녀원도 폭동으로 피해를 입었다. 음식을 운반해 주는 차가 폭동이 발생한 거리에서 꼼짝 못하게 되어 식품 보급량이 줄어든 것이다. 아이들은 집에 가지도 못하고 수녀원 안에서 굶고 있었다.

"이대로 있을 수는 없어요. 내가 나가서 먹을 것을 구해 올게요."

테레사는 직접 거리로 나갔다.

폭동이 쓸고 간 거리로 나선 테레사는 깜짝 놀랐다. 이슬람 교도와 힌두교도들의 싸움은 닷새 동안 6천여 명이 목숨을 잃고 3만여 명이 다칠 정도로 엄청났다. 10만여 명이 집을 잃고 거리에 아무렇게 쓰러져 있었다. 그나마 있던 사람들도 모두 피신을 갔기 때문에 가게는 텅텅 비었다.

"오, 하느님."

테레사는 잔혹한 거리 풍경을 보니 눈물이 멈추지 않았다.

"수녀님, 여기서 뭐 하고 계시는 겁니까!"

갑자기 군인들이 나타나 테레사 앞을 가로막았다.

"어서 돌아가세요. 함부로 돌아다니시면 위험합니다."

"학생들이 먹을 것이 없어 굶고 있어요. 먹을 것이 필요해요."

테레사 말에 군인들은 수녀원으로 식량을 보내 주었다. 다행히 학생들은 먹을 것을 얻었지만 테레사는 거리에서 본 사람들의 처참한 모습을 잊지 못했다.

'아, 내가 그들을 치료해 줄 수 있다면. 내가 그들을 도와줄 수 있다면…….'

그날 거리에서 본 사람들의 모습은 한동안 테레사의 머릿속에서 지워지지 않았다.

3
가난한 자들의 어머니

부르심 속의 부르심

1946년 가을, 결국 내전 때문에 학교는 문을 닫았다. 게다가 테레사는 건강까지 나빠져 마음의 평안을 얻기 위해 다르질링의 수녀원으로 향했다. 히말라야에 자리 잡은 다르질링은 테레사가 오래 전에 수련 생활을 했던 곳이었다. 그곳에서 기도를 하며 무거운 마음을 달래려고 했다.

기차가 역에 멈출 때마다 테레사는 창밖을 바라보았다. 기차에 오르고 내리는 사람들, 먹을 것을 팔기 위해 헤집고 다니는 사람들, 새까만 손을 내밀며 구걸하는 아이들, 그 사이로 소가 끄는 마차와 자동차 그리고 오토바이가 뒤섞인 도로.

'십수 년 전이나 지금이나 인도는 변한 것이 없구나.'

테레사는 무거운 마음으로 성경을 펼쳤다. 마침 하느님이 신분이 낮은 사람으로 변장해 땅 위로 내려왔을 때 자신을 돌본 사람들에 대한 이야기였다. 하느님은 아무런 대가도 없이 보잘것없는 자신을 보살펴 준 사람들을 축복했다. 문득 테레사는 자신을 되돌아보았다.

"지금까지 나는 수녀원의 것으로 봉사를 펼쳤구나. 그러면서 가난한 사람들을 이해한다고 했다니."

테레사는 깊은 생각에 빠졌다.

"맞아, 내 모든 것을 버리지 못하면 가난한 사람들에게 다가갈 수 없어. 모든 것을 버리기 위해서는 수녀원을 떠나야 할까. 그게 맞는 것일까. 그렇다면 어떻게 수녀원을 떠날 수 있단 말인가……."

고민하던 테레사는 간절히 기도를 올렸다. 그때였다. 또 다시 마음 깊은 곳에서 울리는 목소리를 들었다.

〈가거라. 수녀원을 떠나 가난한 사람들 가운데에서도 가장 가난한 사람을 도우며 그들과 함께 살아라.〉

레트니스 성모님 앞에서 받았던 첫 번째 부르심에 이은 두 번째 부르심이었다. 테레사는 눈물이 벅차올랐다.

"주님, 당신의 명령을 받들어 순종하겠습니다."

테레사는 하느님의 부르심에 용기를 얻었다. 그리고 다르질링에서 돌아온 테레사는 수녀원을 떠나기로 마음먹었다.

"교장을 그만두겠어요."

테레사의 말에 수녀원의 수녀들은 깜짝 놀랐다.

"갑자기 무슨 말씀이세요?"

"무슨 일이 있으신 거예요?"

테레사는 담담하게 자신의 뜻을 이야기했다.

"하느님이 가난한 사람들 속으로 들어가 그들을 돌보라 하셨습니다. 그래서 수녀원에서 나가려 해요."

"수녀원을 나가신다고요?"

"수녀원에 나가셔서 어쩌려고요."

깜짝 놀란 동료 수녀들이 걱정스럽게 묻자 테레사는 담담하게 대답했다.

"선교회를 만들겠어요. 가난하고 병든 사람들을 위한 선교회를 말이에요."

"선교회를 새로 만드는 게 얼마나 어려운데요. 게다가 수녀님, 종신 서원을 한 상태에서 수녀원을 나가려면 총장 수녀님은 물론이고 대주교님 그리고 교황청의 허락을 받아야 해요. 보통 일이 아니라구요."

수녀들은 테레사를 걱정했지만 이미 마음을 굳힌 테레사의 마음을 되돌릴 수는 없었다. 또한 테레사와 뜻을 함께하는 신부와 수녀도 적지 않았다.

"수녀님, 용기를 가지세요. 저도 빈민가를 가 보았지만 아직 봉사의 손길이 닿지 않는 곳이 많아요."

"맞아요. 테레사 수녀님이라면 더 많은 사람에게 사랑을 나누어 주실 수 있을 것입니다."

테레사를 응원하는 수녀와 신부는 테레사를 위해 기도를 하고 대주교에게 편지를 보냈다. 또 직접 대주교를 찾아가 테레사 수녀가 하려는 일이 얼마나 중요한지도 차근차근 설명했다.

테레사는 대주교를 직접 만나 자신의 뜻을 전했다.

"수녀원을 나가 새로운 선교 단체를 만들겠습니다."

하지만 대주교는 테레사의 뜻에 반대했다.

"수녀님, 제2 차 세계 대전이 1년 전에 끝났어요. 여기저기에서 구호 요청이 넘쳐나고 있어 그것도 벅찬데 새로운 선교 단체를 만드시겠다니, 말이 안 됩니다."

테레사는 아무것도 필요 없다고 했다.

"주님이 저를 원하십니다. 제게 가장 가난한 이들을 돌보라 하셨어요. 대주교님, 아무것도 바라는 것이 없습니다. 그저 제가 수녀원을 떠날 수 있게만 해 주세요."

하지만 대주교는 손을 내저었다.

"수녀님, 인도는 영국의 식민 지배를 받았기 때문에 우리와 같은 서양인을 반기지 않아요. 인종과 종교 문제가 심각합니다. 그리고 이미 '성 안나의 딸들'이라는 수도회가 활동하고 있는데 굳이 수녀님까지 나설 필요는 없습니다. 돌아가세요."

대주교의 강한 반대에 테레사는 눈물로 호소했다.

"지금 수도회에서는 전염병 환자들은 돌보지 않고 있어요. 그리고 제게 인종과 종교는 아무런 장애가 되지 않습니다. 저는 하느님을 따르든 아니든, 부자든 가난한 이든 상관없이 모두를 돕고 싶어요. 선교라는 것은 그런 것입니다."

대주교는 잠시 할 말을 잃었다. 테레사의 작은 체구에서 뿜어져 나오는 신념과 확신을 더 이상 모르는 척할 수 없었다.

"좋아요, 수녀님. 하지만 지금 당장 가난한 이들에게 갈 수는 없을 거예요. 우선 성 안나의 딸들 수도회에서 1년 동안 경험을 쌓도록 해요."

테레사는 대주교의 뜻대로 빈민가를 찾았다. 그곳에서 봉사를 하면서도 더 가난하고 더 비참한 이들 생각뿐이었다.

'내가 있을 곳은 여기가 아니야. 나를 더 필요로 하는 사람들에게 가야 해.'

그동안 대주교는 여러 성직자를 비롯해 로레토 성모 수도회 총장과도 테레사의 일을 의논했다. 그리고 마침내 테레사에게 교황청에 청원서를 쓰도록 허락했다.

테레사는 교황 비오 12세에게 진심을 담아 편지를 썼다.

〈저는 하느님의 부르심에 따라 가난한 사람 중에서도 가장 가난한 사람들을 위해 일하고자 합니다. 하느님의 뜻을 이룰 수 있도록 허락해 주시고 축복해 주십시오.〉

그리고 1948년 7월, 드디어 교황청에게서 답장이 왔다.

〈테레사 수녀가 1년 동안 수녀원을 떠나 가난한 사람들 속에서 봉사하는 것을 허용합니다.〉

대주교에게 자신의 뜻을 전한 지 2년 만의 일이었다. 또한 수녀의 신분으로 수도원 밖에서 일하도록 허락한 것은 300년 만에 처음 있는 일이었다.

"됐어! 역시 될 줄 알았어. 하느님의 뜻이니까!"

테레사는 뛸 듯이 기뻤다. 비록 1년 동안의 시험 기간이 지난 후에 수녀원 밖에서 계속 일할 수 있을지 없을지를 결정하겠지만, 테레사는 그것만으로도 기뻤다. 게다가 봉사 기간을 연장하는 것은 대주교의 판단에 맡겨졌다. 대주교는 이미 테레사의 뜻을 잘 알고 있었기 때문에 테레사 스스로 포기하지 않는 한 언제까지나 가난한 사람을 위해 일을 할 수 있을 것이다.

그렇게 8월 16일, 테레사는 로레토 수녀원 밖으로 나왔다. 이 날은 마침 성모 승천 대축일(성모 마리아가 승천한 것을 기념하는 날)로 테레사에게는 매우 뜻깊은 날이기도 했다.

흰색 사리를 입은 수녀

"수녀님, 나오세요."

로레토 수녀원의 수녀들은 날이 채 밝기도 전에 떠나는 테레사를 배웅하기 위해 나왔다.

그런데 테레사가 모습을 드러내자 사람들은 깜짝 놀랐다. 왜냐하면 테레사가 낡은 샌들에 무명으로 만든 파란 줄무늬가 들어간 흰색 사리를 입고 나왔기 때문이다.

"수녀님, 그 옷은······."

테레사 수녀가 입은 흰색 사리는 가난하고 계급이 최하층 노동자인 청소부들이 입는 옷이었다. 수녀들은 깜짝 놀랐지만

테레사는 오히려 환하게 웃으며 말했다.

"이 옷의 흰색은 거룩함을, 푸른 줄무늬 세 개는 성모님을 뜻해요. 그리고 이 샌들은 제가 스스로 그들 곁으로 간다는 것을 뜻하지요."

테레사의 말을 들은 수녀들은 감탄을 하지 않을 수 없었다.

지금까지 입었던 수녀복이 아닌 새로운 수도복을 입고, 왼쪽 어깨에 작은 십자가를 단 테레사의 손에는 낡은 가방이 하나 들려 있었다. 가방 안에는 여벌 사리 두 벌과 성경, 작은 십자가와 묵주만이 들어 있었다.

테레사는 차가운 수녀원의 철문을 열었다. 그렇게 어둠 속으로 걸어가는 테레사의 뒷모습을 보며 수녀원의 수녀들은 테레사의 앞날을 축복해 주었다. 그토록 바라던 수녀원을 떠나 가난한 사람들 곁으로 가게 되었지만, 막상 지금까지 인생의 전부라도 믿었던 수녀원을 떠나려니 눈물이 글썽였다.

'고향을 떠나고 이제 로레토 수녀원을 떠나는구나. 하지만 내 결심을 후회하지 않아. 어서 나를 기다리는 가난한 자들에게로 가자.'

로레토 수녀원을 나온 테레사는 파트나라는 도시의 '성 가족 병원'으로 갔다. 성 가족 병원은 뎅겔 수녀가 창설한 의료 선교회 병원이다. 의사와 간호사가 모두 수녀로, 테레사는 응급 치료와 간호법에 대해 배웠다. 그러면서 틈틈이 자신이 앞으로 어떻게 해야 할지도 생각해 두었다.

"빨리 배워야 해. 잠잘 시간도, 밥 먹을 시간도 아껴서 되도록 많은 것을 배워야 해."

테레사는 응급실과 수술실 등 병원 안을 바쁘게 돌아다녔다. 먹는 시간도 줄이고 잠잘 시간도 줄이며 동분서주하는 모습을 보고 성 가족 병원을 창설한 뎅겔 수녀가 테레사에게 충고를 했다.

"수녀님, 수녀님 별명이 '동에 번쩍 서에 번쩍'이라는 거 아세요? 배우는 것도 좋지만, 이렇게 자신의 몸을 돌보지 않고 봉사하면 나중에는 쓰러질 거예요. 그리고 먹는 것은 왜 그렇게 조금만 드세요?"

"저는 가난한 사람 중에서도 가장 가난한 사람처럼 살아갈 거예요. 그들은 제가 먹는 것보다 더 조금 먹으면서 살고 있어요. 그런데 어떻게 저만……."

테레사 말에 뎅겔 수녀는 손을 내저었다.

"가난한 이들을 위해 봉사하는 것도 좋아요. 하지만 수녀님이 쓰러지시면 그들을 누가 돌보나요? 무엇보다 수녀님이 건강해야 더 많은 사람들이 도움을 받을 수 있어요."

테레사는 뎅겔 수녀의 말을 마음에 깊이 새겼다.

"수녀님 말이 맞아. 봉사도 건강해야 할 수 있지. 내가 착각을 했구나. 음식은 건강을 유지할 만큼 먹자. 그리고 늘 자신을 돌보는 것도 중요해."

성 가족 병원에서 넉 달을 보낸 테레사는 다시 콜카타로 돌아왔다. 하지만 수녀원을 나왔으니 머무를 곳이 없었다. 그래서 당분간 모티즈힐에 있는 노인 보호시설인 〈성 요셉의 집〉에 신세를 지기로 했다.

인도 시민권을 얻다

    1948년 12월 21일, 테레사는 모티즈힐에서 봉사 활동을 시작했다. 모티즈힐은 '진주의 호수'라는 뜻을 가진 곳으로 도시 한 가운데에 저수지가 있는 아름다운 곳이다. 하지만 그곳에 사는 사람들은 대부분 불가촉천민으로 가난하고 아주 비참하게 생활하고 있었다.

    "어디 감히 신성한 소가 마실 물을 네가 마시냐! 저리 가!"

    불가촉천민은 가축이 먹는 물도 마시지 못했다. 불결하다면서 사람들에게 돌팔매질 당하고, 먹을 것도 땅바닥에 떨어진 것을 주워 먹었다.

"세상에! 어떻게 같은 사람에게 저럴 수가 있지? 사람은 모두 사람다운 대접을 받아야 해."

테레사는 자신이 먼저 불가촉천민에게 다가가기로 했다. 우선 하수구와 같은 더러운 물이 고여 있고 쓰레기가 쌓인 곳에서 놀고 있는 아이들에게 다정하게 말했다.

"얘들아, 너희들 학교에는 안 가니?"

아이들은 깜짝 놀랐다. 낯선 외국인 수녀가 그것도 벵골어로 말을 걸어왔기 때문이다.

"나는 테레사라고 해. 여기에 학교를 만들 거야. 음, 그래! 저기 저 나무 밑에 말이야."

"정말이에요?"

몇몇 아이들이 관심을 보이며 테레사 앞으로 몰려들었다.

"학교에서는 글씨도 배우고 숫자도 배우죠?"

"그럼."

"하지만 책상이 없어요. 학교는 책상이 있어야 하는데."

한 아이가 걱정스럽게 말했지만 테레사는 환하게 웃었다.

"괜찮아. 선생님하고 학생만 있어도 돼. 내일부터 우리 학교에서 공부하자."

이튿날, 테레사는 시간 맞춰 아이들과 약속한 장소로 나갔다. 생각보다 아이들이 적게 모였지만 테레사는 실망하지 않았다.

"자, 우선 공부를 하려면 바른 자세로 앉아야 해. 어이쿠, 그보다 세수부터 해야겠다. 학교에 올 때는 세수 먼저 하는 거야."

테레사는 아이들에게 비누를 나누어 주며 세수를 하도록 했다. 그리고 땅바닥을 칠판 삼아 아이들에게 글자와 숫자를 가르쳤다. 그렇게 며칠이 지나자 멀찌감치 구경만 하던 아이들이 하나둘 자리를 잡기 시작했다. 하지만 어른들은 테레사를 믿지 않았다.

"도대체 저 여자는 누구인데 자꾸 우리 마을에 오는 거야?"

"수녀라고 하잖아. 게다가 파란 눈의 수녀라니. 며칠 저러다 말겠지."

그러나 테레사가 매일같이 찾아와 아이들과 수업하는 것을 보고 생각을 달리했다. 아이들을 위해 학교에 필요한 물건을 가져오기 시작한 것이다. 낡은 칠판을 얻어다 주고 책상과 의자를 가져다주었다. 그러는 동안 나무 그늘에서 시작한 학교가 어느새 제법 학교다운 모습을 갖추게 되었다.

어느 정도 학교가 자리를 잡자 테레사는 모티즈힐 마을을 둘러보았다. 거리는 병들고 굶주린 사람들로 가득 차고, 집집마다 병에 걸린 환자들의 신음소리가 끊이지 않았다. 그 모습을 본 테레사는 한동안 넋을 잃었다.

"오, 하느님. 제가 무엇을 해야 할까요."

테레사는 의료 선교 수녀회에게 도움의 편지를 썼다. 그리고 아이들을 가르치고 난 오후에는 직접 약을 구하러 다녔다. 다행히 테레사의 노력으로 모티즈힐에 작은 진료소가 생겼다. 의료 선교 수녀회에서 의사와 약을 보내주면 테레사는 병든 사람에게 약을 나누어 주고 병자들을 돌보았다.

하지만 늘 즐거웠던 것은 아니었다. 모티즈힐 주민 중에는 여전히 테레사 수녀를 의심하는 사람이 많았다.

"흥, 우리를 도와주는 척하면서 결국에는 가톨릭으로 개종하라는 거겠지. 그래서 애들도 살살 꼬드기고 말이야."

"그러게 말이야. 에잇! 네 나라로 돌아가라고!"

때로 테레사에게 돌을 던지는 사람도 있었다. 그럴 때면 테레사는 벵골어로 또박또박 말했다.

"저는 하느님을 강요하지 않습니다. 누구에게나 자신의 신을 섬길 자유가 있으니까요. 그리고 저는 인도 사람입니다. 제 나라는 여기예요."

테레사는 인도에서 봉사를 하기 위해 아예 인도 국적을 얻었다. 그리고 오로지 가난한 이들을 위해 일하는 테레사의 진심을 알게 된 사람들은 조금씩 마음을 열기 시작했다.

사랑의 선교회를 설립하다

테레사는 차비를 아끼기 위해 성 요셉 노인의 집에서 모티즈힐까지 걸어 다녔다. 그리고 틸잘라에도 학교와 무료 진료소를 열었기 때문에 성 요셉 노인의 집에서 모티즈힐까지 오가는 게 여간 부담스러운 게 아니었다.

"모티즈힐에 내가 머물 곳이 있었으면 좋겠어. 성 요셉 노인의 집에서 더 이상 신세를 지기도 미안하고 말이야."

테레사는 이왕이면 여러 사람이 함께 지낼 수 있는 넓은 집을 얻고자 했다. 물론 가진 돈도 많지 않고 외국인 수녀에게 선뜻 집을 빌려 줄 사람도 없었다.

"그래도 방법이 있을 거야. 하느님은 내게 또 다른 길을 보여주시겠지."

테레사는 늘 기도하는 한편 가난한 사람들을 위한 일도 게을리하지 않았다.

그러던 어느 날, 마이클 고메즈라는 한 가톨릭 신자가 테레사를 찾아왔다.

"수녀님, 저희 집 2층이 비어 있습니다. 저희 집으로 오세요."

"정말 감사합니다. 그런데 집세를 얼마나 내야 할까요? 죄송하지만 많이 드릴 수는 없을 것 같아요."

테레사가 미안해하며 말하자 고메즈는 두 손을 내저었다.

"무슨 말씀이세요, 수녀님. 수녀님이 저희 집에 계신 것만으로도 영광이에요. 제가 도울 일이 있으면 언제든 말씀하세요."

고메즈는 테레사에게 집세도 받지 않고 오히려 음식을 나누어 주었다. 그리고 테레사의 일을 돕기 위해 고메즈는 물론이고 그의 아내와 딸까지 나섰다. 또한 테레사와 뜻을 같이하는 사람들이 한 명 두 명 모이기 시작했다. 그 가운데에는 테레사가 가르쳤던 수바시니 다스도 있었다.

"수녀님, 저 다시 왔어요."

"아, 자매님."

테레사는 수바시니를 꼭 껴안았다. 수바시니는 몇 주 전에도 테레사 수녀를 찾아온 적이 있었다. 함께 일하고 싶었지만, 가난한 사람들 가운데에서도 가장 가난하고 미천한 사람들을 위해 일하는 것이 그리 쉬운 일은 아니었다. 테레사는 조금 더 생각을 하고 결심이 서면 그때 오라고 돌려보냈다. 그런데 수바시니가 다시 찾아와 테레사 곁에 머물고자 한 것이다. 이후 수바시니는 수녀가 되어 테레사의 어렸을 때 이름인 '아그네스'라는 이름을 받았다. 그리고 테레사가 세상을 떠날 때까지 평생 테레사 곁을 지켰다.

수바시니뿐만 아니었다. 옛 제자였던 막달레나 고메스도 테레사를 찾아왔다. 고메스는 훗날 거트루드 수녀가 되어 테레사를 도왔다. 고메스는 의학을 공부해 의료 봉사단으로 많은 일을 했다. 그 밖에도 많은 수녀들과 사람들이 테레사를 찾아와 테레사와 함께하는 사람이 많아졌다. 사람들은 테레사와 함께한 봉사자들의 모임을 '사랑의 선교 수녀회'라 부르기 시작했다. 아직 정식 수녀회는 아니었지만 사랑의 선교 수녀회는 시간에 맞춰 기도를 올리고 성경 공부를 했다. 그리고 먹을 것과 돈을 기부받아 가난한 사람들을 위해 썼다.

테레사가 정신없이 일을 하는 동안 어느새 수녀원을 떠난 지 1년이 되었다. 테레사는 페리에 대주교를 찾아가 면담을 했다.

"대주교님. 저는 그동안 모티즈힐과 틸잘라에 학교를 세우고 무료 진료소를 세웠습니다. 그리고……."

"말씀 안 하셔도 다 압니다, 수녀님."

대주교는 이미 수녀원 밖에서의 테레사 활동과 성과에 대해 모두 알고 있었다.

"수녀님, 다시 수녀원으로 돌아오실 건가요?"

"수녀원 밖에서 가난한 사람 중에서 가장 가난한 이들을 섬기면서 비로소 주님의 뜻에 한 걸음 더 다가갈 수 있었습니다. 저는 돌아오지 않을 것입니다. 그리고 부디 새로운 수도회를 열 수 있도록 허락해 주세요."

테레사는 대주교에게 자신의 뜻을 전했다. 대주교는 고개를 끄덕였다.

"그래요. 그런데 수녀님의 뜻대로 새로운 수도회를 열려면 교황청의 승인이 있어야 합니다. 어서 준비하세요."

테레사는 수도회 이름을 〈사랑의 선교회〉라고 지었다. 그리고 1950년 10월 7일, 마침내 로마 교황청에서 테레사 수녀가 사랑의 선교회를 이끌도록 허락했다.

테레사는 사랑의 선교회의 목표를 세웠다.

"우리는 전 세계를 돌아다니며 집이 없는 사람들, 죽어가는 사람들 그리고 고아와 장애인 등 사회에서 버림받은 사람들을 보호하고 도울 것입니다. 그들에게 하느님의 사랑을 전하기 위해 쉬지 않고 찾아갈 것입니다."

사랑의 선교회가 정식 수도회로 인정받자 테레사를 찾아오는 사람들이 더 많이 늘었다. 고메즈는 2층뿐만 아니라 자신들이 사용하던 다락방도 내주었지만 턱없이 부족했다.

"수녀님, 지원자가 많아서 이 집으로는 부족하겠어요."

테레사는 많은 사람들과 더 많은 일을 하려면 훨씬 더 넓은 공간이 필요했다.

"하지만 수녀님, 저희는 가진 것이 너무 없어요."

사랑의 선교회의 수녀들은 생활하는 데 필요한 최소한의 것만 소유할 수 있다. 봉사를 하면서 다른 사람이 주는 것은 물 한 잔도 받으면 안 되었다. 이런 상황이다 보니 큰 집을 구할 돈이 있을 턱이 없었다.

"가진 것이 없으니 하느님께 기도를 드리는 수밖에 없네요."

테레사가 웃으며 말했다.

그러던 어느 날이었다. 낯선 남자가 테레사를 찾아왔다.

"수녀님께서 집을 구하신다는 이야기를 신부님께 들었습니다. 마침 괜찮은 집이 있는데 한번 보시겠습니까?"

낯선 남자의 갑작스러운 방문에 테레사는 놀랐지만, 테레사는 아그네스 수녀와 사내를 따라 나섰다. 사내가 가리킨 집은 지금 머무는 곳과 멀지 않은 곳으로 아주 크고 깨끗한 3층 건물이었다.

집주인은 이슬람교도로, 수녀들이 집을 보러 왔다는 말에 깜짝 놀랐다.

"제가 집을 팔고 싶어 한다는 것을 어떻게 알았습니까? 아무한테도 말한 적이 없는데요."

"여기 같이 오신 분이……."

테레사가 주위를 둘러보았지만 함께 온 낯선 사내는 이미 사라지고 없었다.

"그런데 수녀님들이 이렇게 큰 집이 왜 필요하신지요."

집주인은 행색이 초라한 테레사와 아그네스 수녀를 보고 고개를 갸웃거렸다.

"저희는 사랑의 선교회 수녀들이에요. 모티즈힐과 틸잘라의 빈민가에 학교와 무료 진료소를 열고 있지요. 지금 선교회 본부로 쓸 집을 찾는 중이었습니다."

그러자 집주인은 자리에서 벌떡 일어났다.

"저, 잠시만 실례하겠습니다. 가지 말고 꼭 기다리고 계세요."

집주인은 그렇게 말하고 밖으로 뛰쳐나갔다.

"수녀님, 저 분이 어디를 가시는 걸까요?"

테레사와 함께 갔던 수녀는 영문을 몰라 어리둥절했다.

"글쎄요. 기다리라고 했으니 곧 돌아오겠지요."

잠시 후, 집주인이 돌아왔다. 주인은 환하게 미소를 지으며 말했다.

"저는 파키스탄이 고향입니다. 여기를 정리하고 이제 고향으로 가려고 하던 참인데, 수녀님들이 갑자기 찾아오셔서 조금 놀랐습니다. 어떻게 해야 좋을지 몰라 알라신께 기도를 하러 갔지요. 그리고 답을 알았어요. 이 집은 알라께서 주신 것이니 다시 알라께 돌려드리는 게 맞는 것 같습니다. 수녀님께 이 집을 팔겠습니다."

집주인은 흔쾌히 테레사에게 팔기로 했다. 햇빛도 잘 들고 방도 여러 개라 공동체 생활을 하는 데 더없이 좋은 곳이었다. 게다가 주인은 원래 팔기로 했던 가격보다 훨씬 싸게 내놓았다. 하지만 아무리 싸다고 해도 후원을 받는 테레사에게 목돈이 있을 리 없었다. 그런데 테레사의 사정을 안 대주교가 선뜻 돈을 빌려 주었다. 빌린 돈은 돈이 생길 때마다 갚기로 했다.

드디어 1953년 2월, 테레사는 사랑의 선교회 수녀 28명과 함께 이사를 했다. 테레사는 이사한 집도 최소한으로 꾸몄다. 난로나 에어컨, 세탁기, 선풍기도 없었다.

"우리는 가난한 사람들을 이해하고 그들과 일을 해야 합니다. 그러므로 가난을 경험해야 그들의 마음을 이해할 수 있을 거예요."

테레사는 벽에 성모님의 그림을 걸었다. 그리고 십자가를 세우고 '나는 목마르다'라는 구절을 붙였다. 그리고 새로 이사한 곳을 〈마더 하우스〉라고 이름 지었다.

죽어가는 이들을
위한 집

비가 많이 내리던 어느 날이었다. 테레사는 길거리에 쓰러져 있는 한 사내를 발견했다.

"여보세요, 정신 차리세요!"

테레사가 사내를 흔들었지만 사내는 힘없이 축 처져 있을 뿐이었다.

"잠시만 기다리세요. 약을 사올게요. 기운 내세요!"

테레사는 서둘러 약국으로 뛰어갔다.

하지만 약을 사 가지고 왔을 때는 이미 사내가 숨을 거둔 뒤였다.

"이럴 수가. 이렇게 길에서 혼자 쓸쓸히 죽어가다니……."

테레사는 눈물을 흘렸다.

하지만 이 사내뿐만이 아니었다. 콜카타 길거리에는 버림받은 많은 사람들이 죽어가고 있었다. 힘없이 쓰러져 죽은 사람들을 청소부들은 아무 거리낌 없이 실어 가고 있었다.

"죽어가는 사람도 사랑과 존중을 받을 권리가 있어. 죽어가는 사람들이 존엄하게 죽을 수 있는 곳이 필요해."

테레사는 콜카타 시의 책임자를 찾아갔다.

"사람들이 길거리에서 짐승처럼 죽어가고 있어요. 적어도 사람답게 죽을 수 있는 곳이 필요합니다."

"수녀님도 치료 시설을 운영하고 있잖습니까? 그곳으로 데려가서서 치료하세요."

콜카타 시 담당자는 심드렁하게 말했다. 테레사는 한층 목소리를 높여 자신의 의견을 강하게 말했다.

"제 말은 치료를 받으면 낫는 사람을 말하는 게 아니에요. 죽음을 앞에 둔 사람들 말입니다. 그들이 인간답게 죽음을 맞이할 수 있도록 해 달라는 거예요!"

콜카타 시는 어쩔 수 없이 힌두교 사원 한 켠을 내어 주었다. 이 사원은 힌두교 여신인 칼리를 모신 사원으로 브라만 사제가 400명 살고 있었다.

테레사는 수녀들과 함께 사원의 방 두 개를 깨끗하게 치웠다. 그리고 순결한 영혼의 집이라는 뜻의 〈니르말 흐리다이〉라고 불렀다. 버림받아 길거리에서 쓸쓸하게 죽어갈 사람들이 평화롭게 죽음을 맞이할 곳이었다.

하지만 힌두교 사원에 가톨릭 성직자가 들어오자 사제들의 반발이 심했다.

"신성한 사원에 다른 종교가 들어왔으니 칼리 여신이 노여워할 것이 틀림없어."

"맞아요. 그리고 죽어가는 사람들을 가톨릭교로 개종시키겠지요."

사제들은 수녀들을 경계했다. 그중에는 수녀들에게 욕을 하거나 몽둥이로 으름장을 놓는 사람도 있었다. 하지만 오히려 테레사는 죽어가는 사람에게 자리를 내어준 사제들에게 고마운 마음을 가지고 있었다.

경찰들과 자원봉사자들은 거리에 쓰러져 있던 사람들을 모두 니르말 흐리다이로 데리고 왔다. 니르말 흐리다이에 온 사람들은 대부분 오랫동안 거리에서 떠돌았기 때문에 온몸이 더럽고 상처투성이였으며, 병들어 끔찍한 종기에 뒤덮여 있기도 했다. 가족마저도 외면한 이들을 수녀들은 깨끗이 씻기고 치료해 주었다. 때로는 수녀들의 손길을 거부하는 사람도 있었다.

"저한테서 썩은 냄새가 날 거예요. 가까이 오지 마세요."

하지만 수녀들은 편안하게 말했다.

"냄새는 나지만 당신이 겪고 있는 고통에 비하면 아무것도 아니랍니다."

수녀들은 환자 한 명 한 명 정성으로 보살폈다. 처음에는 두려움에 또는 부끄러움에 수녀들의 손길을 거부했던 사람들도 편안하게 안정을 찾았다. 어제까지만 해도 길거리에서 짐승처럼 쓰러져 있던 사람들이 편안하게 누워서 하루를 보냈다. 물론 호텔이나 큰 병원이 아니고 힌두교 사원의 좁은 방이었지만, 인간으로서 존중받으며 치료를 받고 죽음을 맞이할 준비

를 할 수 있었다.

"이름이 무엇인가요? 종교가 무엇이죠?"

수녀들은 니르말 흐리다이에 새로운 사람이 들어오면 맨 먼저 이름과 종교를 물었다. 힌두교도에게는 갠지스 강의 물로 입을 축여주고 이슬람교도들에게는 경전인 '코란'을 읽어 주었다. 사제들은 수녀들이 종교에 상관없이 사람들을 대하는 것을 보고 조금씩 마음을 풀었다.

그러던 어느 날, 힌두교 사원이 소란스러운 것을 보고 테레사가 물었다.

"무슨 일이 있나요?"

"사제 한 명이 전염병에 걸렸어요. 이곳에 있을 수 없으니 거리로 내보내려고 합니다."

그 말을 들은 테레사는 깜짝 놀랐다.

"무슨 말씀이에요! 어서 이쪽으로 모시세요."

테레사는 힌두교 사제를 니르말 흐리다이로 데리고 왔다. 수녀들을 내쫓기 위해 앞장섰던 늙은 사제였다. 전염병에 걸려 아무도 사제 곁에 가려 하지 않았지만 테레사는 곁에서 사랑과 정성으로 사제를 돌보았다. 그리고 갠지스 강의 물을 떠서 목을 축여주자 사제는 테레사 무릎에서 숨을 거두었다. 테레사는 사제를 힌두교 의식에 따라 갠지스 강변에서 화장했다.

그 모습을 쭉 지켜본 사람들은 힌두교의 칼리 여신이 외국인 수녀의 모습으로 나타났다고 생각했다. 또한 콜카타의 사람들도 조금씩 변하기 시작했다. 그 전에는 길에 쓰러져 있는 사람들을 모르는 척했지만, 이제는 사랑의 선교회나 니르말 흐리다이로 데려가 고귀한 존재로 죽음을 맞이할 수 있도록 했다. 테레사의 사랑이 사람들의 생각을 바꾸기 시작한 것이다.

버려진 아이를 위한 곳

　인도 사람들은 아이가 많을수록 일할 사람이 많아진다고 생각해서 아이를 많이 낳는다. 하지만 가난으로 아이를 키우지 못하고 그냥 버리는 부모도 많기 때문에 인도에는 길거리를 헤매는 아이들이 많았다. 부모에게 버려지는 아이들은 학교도 제대로 다니지 못하고 구걸을 하거나 다른 사람의 물건을 훔치며 하루하루를 살았다. 그 모습을 본 테레사는 마음이 무거웠다.

　"더 이상 아이들이 거리를 헤매게 해서는 안 돼. 아이들이 공부하고 보호받을 수 있는 곳이 필요해."

1955년 9월, 테레사는 콜카타 사랑의 선교회 본부 가까운 곳에 '버려진 아이들의 집'이라는 뜻의 〈니르말라 시슈 브하반〉을 만들었다. 어린이 집을 열면서 테레사는 여러 병원에 편지를 보냈다.

〈병원에 버려진 아이가 있다면 사랑의 선교회로 연락주세요. 장애가 있는 아이도, 미숙아도 괜찮습니다.〉

니르말라 시슈 브하반에는 금세 아이들로 가득 찼다. 그 가운데에는 건강하지 못한 아이도 있었다. 특히 길에 버려진 갓난아기는 이미 병이 들거나 심지어 짐승들에게 해를 당해 생명이 위독한 경우도 있었다. 하지만 수녀들은 모든 아이를 깨끗이 씻기고 포근하게 안아 주었다. 곧 숨을 거둘 것 같은 아이는 더욱 사랑을 듬뿍 담아 안아 주고 자장가를 불러 주었다.

"곧 세상을 떠날지 모르지만 그래도 이 세상에 있는 동안은 많은 사랑을 받았다는 것을 기억하렴. 사랑한다, 아가야."

니르말라 시슈 브하반에서는 갓 태어난 아기부터 예닐곱 살에 이르는 아이들까지 수녀들의 사랑을 받으며 지냈다. 테레사가 맨 처음 콜카타에서 시작한 어린이집은 20년이 채 안 되어 60여 개로 늘어났다.

이토록 많은 어린이집은 더 많은 사람들의 나눔으로 이끌어 갔다. 사람들은 아이들을 위해 옷과 약을 보내고 직접 봉사를 하러 왔다. 가톨릭 신자가 아니더라도 아이들을 돌보기 위해 찾아왔다. 뿐만 아니라 이곳에 머무는 아이들은 때로는 입양이 되기도 했다.

"수녀님, 소식 들으셨어요? 상류층에서 불가촉천민의 아기를 입양하겠대요!"

아이를 돌보던 수녀가 깜짝 놀라 테레사에게 말했다. 테레사는 웃으며 말했다.

"네. 진심으로 아이를 입양해서 키우시겠다고 하더라고요. 정말 감사한 일이지요."

신분 계급이 나뉘어 있던 인도에서 계급이 깨지기 시작한 것이다. 이러한 변화는 인도 사람은 물론, 인도의 수상도 깜짝 놀랄 정도였다. 모두 테레사의 정성과 사랑이라 생각한 사람들은 테레사에게 진심으로 감사의 뜻을 보냈다.

테레사는 어린이집 한 켠에 급식소를 열었다. 그러자 천 명에 가까운 가난한 사람들이 그릇을 들고 줄을 섰다. 그들은 가족들이 먹을 것도 가져가기 때문에 수녀들은 몇천 명이 먹을 수 있는 양을 준비했다. 무료 급식소를 찾는 사람들에게는 수녀들이 나누어 주는 죽이 유일한 끼니였다. 그런데 워낙 많은 사람들이 몰리다 보니 혹시라도 음식이 떨어질까 봐 불안해한 사람들이 한꺼번에 몰리기도 했다. 또는 식량을 공급해 주던 기관에서 갑자기 음식이 들어오지 않아 음식을 나누어 줄 수 없게 되자, 사람들은 수녀들이 음식을 가로챘다고 오해를 하기도 했다.

하지만 때로는 기적과 같은 일이 일어나기도 했다.

"수녀님! 하느님이 빵과 우유를 보내셨어요!"

테레사가 깜짝 놀라 나가보니 빵과 우유를 가득 실은 트럭이 선교회 앞에 서 있었다.

"정부에서 학교에 있는 가난한 학생들에게 빵과 우유를 공급하고 있어요. 그런데 갑자기 휴교령이 내려져서 빵과 우유를 이곳으로 가져왔습니다."

또 어느 날은 아이들이 먹을 분유가 떨어진 적이 있었다. 분유를 구할 방법이 없어서 전전긍긍하고 있는데 한 사내가 선교회를 찾아왔다.

"저…… 분유를 파는 사람입니다. 그런데 창고가 너무 좁아서 분유를 둘 곳이 없네요. 혹시 필요하실까 해서요."

사내는 멋쩍은 듯이 웃으며 말했다.

"수녀님, 마치 하느님이 우리를 지켜보시는 거 같아요. 어쩌면 우리가 필요할 때마다 이렇게……. 우연의 일치가 너무 자주 일어나는데요?"

수녀의 말에 테레사는 환하게 웃으며 말했다.

"그러게요. 하느님이 제 기도를 들어주시니 고마울 뿐이에요."

세상에 버림받은 나병 환자를 위한 집

콜카타에 개발 바람이 불기 시작했다. 하지만 그 때문에 피해를 입는 사람도 있었다. 도시를 깨끗하게 만들겠다며 나환자 전문 병원까지 없애기로 한 것이다.

나환자는 나병을 앓는 환자들을 말한다. 전염성 있는 일종의 피부병인 나병은 제때 치료하면 완전히 나을 수 있다. 하지만 나은 뒤에도 흉터가 남아 사람들은 신의 형벌이라고 여겼다. 당시 유럽에서는 나병이 사라졌지만, 전 세계 2천만 명의 나환자 가운데 5만 명이 콜카타에 살고 있을 정도로 인도에서는 큰 골칫거리였다.

"병원을 없앤다니요! 그러면 환자들은 어디로 가라고요. 어디서 치료를 받으란 말이에요."

테레사는 계속 병원을 운영해 달라고 했지만 주민들의 반발이 너무 셌다.

"저 더러운 환자들을 가까이 두었다가는 우리도 병에 걸리고 말 거예요."

"신이 벌을 내린 사람들이에요. 더러운 사람들이라고!"

더 이상 환자들을 돌볼 수 없게 되자 테레사는 나환자 전문 진료소를 세우기로 했다.

"나환자들을 돌보는 것이 내가 할 일이야. 내가 옳은 일을 하고 있다는 것을 하느님은 알고 계실 테지. 그러니까 두려워할 것 없어. 하느님이 도와주실 테니까."

테레사는 진료소 지을 곳을 찾았다. 그러나 나환자들을 반기는 곳은 아무 곳도 없었다. 심지어 나환자를 돌보는 수녀들에게까지 돌을 던지기도 했다.

그러는 한편으로는 세계 곳곳에서 사랑의 선교회 수녀들에게 도움의 손길을 뻗어 왔다. 네덜란드의 전자제품 회사인 필립스에서 후원금을 보내오고 미국의 한 자선사업가가 구급차를 기증하기도 했다. 구급차를 본 테레사는 번뜩이는 아이디어가 떠올랐다.

"당장은 나환자들을 위한 병원을 만들 수 없으니 이동 진료소를 만들어요."

테레사 말에 수녀들은 고개를 갸웃거렸다.

"이동 진료소요?"

"네, 우리가 환자를 찾아가는 거예요. 센 박사님도 우리와 함께할 거예요."

센 박사는 나병과 피부병에 대해 전문의로 병원에서 정년퇴임하고는 테레사를 돕기로 하던 참이었다. 그렇게 1957년 9월, 이동 진료소가 콜카타 곳곳을 누비며 나병 환자를 치료하기 시작했다. 이동 진료소는 치료뿐만 아니라 식품이나 생활필수품을 전달하기도 했다. 환자를 만날 때마다 테레사는 격려의 말도 잊지 않았다.

"여러분은 그저 피부병을 앓고 있는 거예요. 신이 벌을 내리신 게 아닙니다. 치료만 잘 받으면 나을 수 있어요. 용기를 가지세요."

그리고 환자들에게 바느질이나 신발을 만들거나 바구니를 짜는 방법 등을 가르쳤다. 병이 다 나은 후에 자신감을 가지고 당당한 시민으로 살아갈 수 있기를 바랐기 때문이다.

하지만 여전히 나환자들은 사람들에게 손가락질을 받고 도시에서 쫓겨나 처참하게 살아가고 있었다. 콜카타에서 차로 1시간 정도 걸리는 티타가르에 있는 나환자들 역시 살던 곳에서 쫓겨난 사람들이었다.

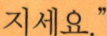

티타가르를 둘러본 테레사는 깊은 한숨을 쉬었다. 많은 사람들이 마실 물은 물론이고 하수 처리나 전기 시설도 없는 기찻길 옆에서 힘겹게 살고 있었기 때문이다.

"여기는 너무 멀어서 이동 진료소가 올 수 없겠어."

하지만 병든 사람들을 모른 척할 수 없는 테레사는 결정을 내렸다.

"그래, 임시로라도 진료소를 열도록 하자."

테레사가 진료소를 열자마자 환자들이 넘쳐났다. 하지만 몇몇 수녀들이 환자들을 돌보기에는 힘에 부쳤다. 게다가 젊은 환자들은 무턱대고 진료

소를 찾아와 부수거나 도둑질을 해갔다. 때로는 폭력배나 불량배들이 몰려와 진료소에서 싸움을 하기도 했다.

"수녀님, 이곳은 수녀님들이 계시기에 위험해요."

결국 테레사는 진료소를 의료 교육을 받은 젊은 수사(가톨릭에서 서약하고 독신으로 수도하는 남자)에게 맡기기로 했다. 그런 한편 시에 청원서를 보내 티타가르의 어려운 상황을 알리고 개선해 줄 것을 요구했다.

"여기에는 병든 사람들이 살고 있어요. 그런데 수도도 없고 전기 시설도 없습니다. 하루라도 빨리 수도와 전기 시설을 설치해 주세요."

"거기는 사람들도 잘 안 다니는 곳이에요. 그리고 거기에 사는 사람들은 늘 싸우기만 하고 말썽만 피운다고요."

"그렇다고 병든 사람을 외면할 수는 없습니다. 부탁이에요."

테레사는 끊임없이 청원서를 보내고 독촉장을 보냈다. 테레사 수녀가 안팎으로 자신들을 위해 열심히 뛰어다니는 것을 알게 된 티타가르의 젊은이들은 조금씩 수사와 수녀들의 편에 서기 시작했다. 자신들의 행동을 반성하며 더러운 곳도 치우고 진료소도 부엌과 화장실을 따로 만들어 환자들이 좀 더 나은 환경에서 치료받을 수 있도록 했다. 시에서도 이들의 노력을 주의 깊게 지켜보고 상수도와 전기 시설을 설치해 주었다. 뿐만 아니라 티타가르 역 주변에 땅을 내주어 진료소는 물론 농장과 주택을 갖춘 공동체를 만들게 해 주었다.

"사나운 짐승들이 오가고 화장실도 제대로 없던 곳이 이렇게 번듯한 마을이 되었어요."

"그뿐인가요? 여기에서 사랑의 선교회 수녀들이 입는 사리를 만들고 있잖아요."

수녀들 말에 테레사는 웃으며 말했다.

"그러게요. 이렇게 되는 데 10년이 걸렸네요."

티타가르의 진료소에는 간디의 그림이 걸려 있었다. 간디는 평생을 인도의 독립과 억압받고 소외당한 사람들을 위해 노력한 성인이다. 테레사는 이곳을 간디의 이름을 따서 〈간디의 사랑의 집〉이라고 불렀다.

사랑의
선교 수사회

마더 하우스에는 수녀들만 찾아오는 것이 아니었다.

"수녀님, 저희들도 받아 주세요. 저희도 수녀님 곁에서 가난한 사람들을 위해 봉사하고 싶습니다."

젊은 남자들도 테레사를 찾아와 함께하기를 바랐다. 그 가운데 탄광에서 일하던 젊은 사내도 있었다.

"수녀님, 저는 탄광에서 제법 많은 돈을 벌었어요. 하지만 수녀님처럼 작고 연약한 여성이 이렇게 훌륭한 일을 하고 계시다니 저도 돕고 싶습니다."

사내의 간곡한 부탁에 테레사는 고개를 끄덕였다.

"네, 도움의 손길이 많으면 많을수록 저희야 좋지요."

그렇게 사내는 테레사 곁에서 한 달을 머물기로 했다. 그런데 예정된 한 달이 되었을 때 사내는 고향으로 돌아가지 않았다. 대신 테레사를 비롯해 사랑의 선교회 수녀들에게 감동을 받아 수사가 되어 일생을 하느님께 바치기로 했다.

이처럼 테레사와 뜻을 같이한 젊은 남성들이 늘어나자 테레사는 1963년에 '사랑의 선교 수사회'를 만들었다. 사랑의 선교회의 활동 범위가 늘어나다 보니 청소년기의 남자 아이들이나 남자 병동의 환자, 마약 중독자 그리고 정신 장애인들을 돌볼 남자의 힘이 필요했다.

수사들은 나환자 진료소와 니르말 흐리다이 그리고 티타가르에서 일하거나 기차역에서 봉사를 했다. 콜카타의 철도 종점역인 실다 역은 집이 없는 사람들이 모여 대합실에서 음식도 해 먹고 잠도 자는 곳이었다. 때로 역 안에서 죽어가는 사람도 있었다.

그렇게 역 안에서는 1만 명에 가까운 사람들이 살게 되었다. 그 가운데에는 어린 아이들도 있었다.

"아저씨, 먹을 것 좀 주세요."

"에이, 귀찮게 왜 이래. 저리가!"

다들 먹고살기 바쁘다 보니 아이들까지 돌볼 여유가 없었다. 천덕꾸러기가 된 아이들은 점점 나쁜 길로 빠졌다.

"이 녀석! 어린 녀석이 벌써부터 도둑질이야?"

아이들은 남의 물건에 손을 대기도 하고 하루가 멀다 하고 싸우는 통에 경찰서를 제집처럼 들락거리기도 했다. 그러는 동안 아이들의 몸과 마음에는 크고 작은 병이 깊어갔다.

수사들은 그 아이들에게 친구가 되어 주고 부모처럼 돌봐 주었다. 또한 콜카타 공항 근처에 가난한 소년들을 위한 집을 마련했다. 그리고 초등학교를 운영하면서 아이들을 가르치기도 했다.

수사들은 고아나 장애가 있는 아이들을 돌보기 위해 집을 마련하고 〈나보 지반〉이라고 이름 붙였다. '새로운 삶'이라는 뜻에 맞게 소년들이 기술을 배우고 스스로 돈을 벌 수 있도록 도왔다.

수사들의 활동은 인도에 그치지 않았다. 1970년 초에는 전쟁으로 파괴된 베트남과 캄보디아에 가서 고아들과 장애인들을 돌보기도 했다. 그리고 사랑의 선교 수사회가 발족한 지 10년 만에 베트남에 첫 번째 집을 지었다.

현재 사랑의 선교 수사회는 교황 직속 조직으로 우리나라를 비롯해 유럽, 아프리카, 미국 등 곳곳에 분원을 설립하고 활동 중이다.

모두가 함께 만든 평화의 마을

〈간디의 사랑의 집〉을 건설한 후, 테레사는 아픈 사람들이 모여 치료도 받고 재활하며 살아갈 수 있는 마을을 만들기로 결심했다. 새로이 마을을 만들 곳을 찾아 테레사는 수녀 두 명과 함께 콜카타에서 100킬로미터 떨어진 서벵골 주의 아산솔로 향했다. 아산솔은 도시와 가까우면서도 숲도 가까워서 테레사가 생각하는 마을이 들어서기 적당한 곳이었다. 주위를 둘러보던 테레사가 만족스럽게 말했다.

"여기가 좋겠어요. 이곳이라면 많은 사람들이 행복하게 살 수 있을 것 같아요."

"네. 그런데 수녀님, 이 땅을 무슨 수로 빌리죠?"

함께 있던 수녀가 걱정스럽게 묻자, 테레사가 갑자기 땅을 파기 시작했다.

"뭐하세요, 수녀님?"

"성모님께 부탁드릴 게 있어서요."

테레사는 환하게 웃으며 손에 든 것을 보여 주었다. 성모가 새겨진 작은 메달이었다.

"비록 지금 우리에게는 아무것도 없지만 성모님께 기도해요."

"그래요. 간절하면 이루어질 수 있을 거예요."

테레사 말에 함께 있던 수녀들도 열심히 기도를 올렸다.

그리고 얼마 뒤 놀라운 소식이 전해졌다. 정부에서 1년에 1루피만 내고 30년 동안 땅을 사용해도 좋다고 허가를 해 준 것이다. 바로 테레사가 성모 메달을 심은 근처였다.

"수녀님, 하느님께서 정말로 우리의 기도를 들어주셨나 봐요."

"그러게 말이에요. 이번에도 우리의 기도에 응답을 해 주었네요."

테레사와 수녀들은 감사의 기도를 드리며 기뻐했다. 하지만

산 너머 산이었다.

"땅만 있으면 뭐해요. 마을을 만들려면 돈이 필요하잖아요."

한숨을 쉬는 수녀의 손을 잡으며 테레사가 말했다.

"자, 우리가 이제부터 해야 할 것은 무엇이죠?"

그러자 수녀는 환하게 웃으며 말했다.

"기도요."

그렇게 테레사와 수녀들은 또다시 간절히 기도를 했다.

그러던 1964년, 교황 바오르 6세가 인도를 방문했다. 그리고 테레사를 만나기 위해 니르말 흐리다이를 방문했다. 교황은 수녀

들이 환자들을 돌보는 모습을 보고 감명을 받았다.

"수녀님들, 이렇게 진심을 담아 봉사하시다니 놀랐습니다. 제가 이대로는 갈 수가 없을 듯합니다."

바오르 6세는 자신이 타고 온 흰색 리무진 승용차를 사랑의 선교회에 기증했다. 미국의 갑부가 교황을 위해 특별히 제작한 리무진이었다. 리무진을 본 수녀들은 깜짝 놀랐다.

"우와, 이런 차는 도대체 얼마예요? 이걸 팔면 얼마나 될까요?"

리무진을 앞에 두고 생각에 빠진 테레사에게 좋은 생각이 떠올랐다.

"그냥 팔 수는 없지요. 주지사를 만나고 와야겠어요."

테레사는 리무진을 걸고 복권을 판매하기로 했다. 일정한 기부금을 내는 사람에게 복권을 주고, 만약 당첨되면 리무진을 주기로 했다. 복권을 사는 사람 입장에선 100루피(당시 1루피는 약 400원, 약 4만원) 복권 한 장이 당첨되면 10만 루피(약 4천만 원)나 되는 차를 받을 수도 있는 것이다. 테레사 수녀 입장에서는 복권을 5000매를 팔면 50만 루피, 즉 2억 원 정도의 돈을 모을 수 있었다.

테레사의 이야기를 들은 주지사는 당장 복권을 발행하도록 했다. 복권을 사는 사람은 기부도 하고 고급 리무진을 얻을 수 있는 절호의 기회였다. 예상했던 대로 복권은 무섭게 팔렸다. 그리고 테레사는 마을을 짓는 데 필요한 자금을 마련할 수 있었다. 마을의 주요 거리를 리무진을 기증한 교황의 이름을 따서 〈바오로 6세의 거리〉라고 지었다.

정착촌을 건설하는 중에도 여러 곳에서 성금을 보내왔다. 나환자들은 많은 사람들의 정성에 보답하듯 아픈 몸으로 건물을 짓고 나무를 심었다. 어느새 집과 목장 그리고 양어장이 완

성되어 식량을 자급자족할 뿐만 아니라 수공예품을 만들어 돈을 벌기도 했다. 테레사는 이 공동체를 〈평화의 마을〉이라고 불렀다.

벵골의 어머니가
세계의 어머니가 되다

어느덧 테레사가 로레토 수녀원을 나온 지 14년이 지났다. 그동안 가난하고 아프고 버림받은 사람들을 위해 애쓴 공로로 1962년, 테레사는 인도 정부로부터 파드마슈리 상을 받았다. 이 상은 사회 발전에 공로가 있는 사람에게 주는 상으로, 인도에서 태어나지 않은 사람이 받은 것은 처음이었다.

테레사는 상을 받을 것이라는 소식을 듣고 두 손을 내저었다.

"파드마슈리 상이라니, 저는 이 상을 받을 만큼 대단한 일을 하지 않았습니다."

"수녀님은 상을 받을 자격이 충분하세요. 무엇보다 수녀님이 이 상을 받으신다면 가난한 사람들에 대해 알리는 계기가 될 거예요."

가난한 사람들에게 도움이 될 것이라는 말에 테레사는 고마운 마음으로 상을 받았다. 그리고 상으로 받은 메달을 임종자의 집 성모상 목에 걸었다.

"영광을 받으실 분은 제가 아니라 성모님입니다."

이제 콜카타 거리는 죽어가는 사람들이 아니라 흰색 사리를 입은 수녀들의 모습으로 가득 찼다. 사랑의 선교회 활동도 콜카타를 비롯해 여덟 개의 도시로 퍼져 나갔다.

그리고 1965년 2월, 사랑의 선교회 15주년을 기념하며 교황 바오로 6세는 사랑의 선교회가 인도가 아닌 다른 나라에도 분원을 세우도록 허락했다. 그렇게 베네수엘라에 사랑의 선교회가 설립된 것을 시작으로 아프리카, 오스트레일리아, 영국, 이탈리아 등 세계 여러 곳에 사랑의 선교회가 설립되었다.

테레사의 공로는 인도뿐만 아니라 나라 밖으로도 알려졌다. 필리핀 정부로부터 막사이사이 상을 수상하고 1975년에는 미국으로부터 제1회 앨버트 슈바이처 상을 수상했다. 상을 받을 때마다 테레사는 모든 상금을 사랑의 선교회 분원을 짓는 데 사용했다.

그 외에도 테레사는 인도를 떠나 유럽과 미국을 여행하며 강연도 했다.

"저는 하느님 손에 있는 작은 몽당연필에 지나지 않습니다. 글을 쓰시는 분은 바로 하느님이시지요. 저는 그저 하느님의 뜻대로 움직일 뿐입니다."

테레사는 강연을 하거나 상을 받을 때마다 사람들이 가난한 사람들에게 관심을 갖도록 했다. 그러면 가난한 사람들 중에서도 가장 가난한 사람들이 더 많은 도움을 받을 수 있기 때문이다.

그렇게 세상에 버림받은 사람들을 위해 애쓴 테레사는 여러 번 노벨 평화상 후보에 올랐다. 그리고 1979년, 드디어 노벨 평화상의 수상자로 선정되었다.

"세상의 많은 사람들이 가난한 사람들의 존재를 알고 그들의 고통에 귀 기울이게 되어서 기쁩니다. 이 상은 세계 가난한 이들을 대신해 받겠습니다."

테레사는 상금으로 받은 20만 달러는 물론 수상자를 위해 베푼 연회를 취소했다. 그리고 그 비용으로 가난한 사람들을 위해 써 달라고 했다. 그 소식을 들은 사람들은 감동해 세계 곳곳에서 성금을 보내왔다.

노벨평화상 수상 이후 사랑의 선교회는 더욱 성장했다. 전 세계가 사랑의 선교회를 알게 된 것은 물론, 각국에서 사랑의 선교회 수녀원을 열어 달라고 했다. 테레사는 가난한 나라든 개발도상국이든 심지어 선진국이라도 가난한 사람이 있는 곳이라면 어디든지 달려갔다.

1981년, 가뭄으로 고통받는 에티오피아를 위해 전 세계가 함께 기도하고 도와줄 것을 호소했다. 이듬해에 이스라엘과 팔레스타인이 싸우고 있을 때도 위험을 무릅쓰고 어린이집에 있는 이슬람교도 어린이들에게 직접 찾아가기도 했다. 1985년 크리스마스 날에는 미국의 뉴욕에 에이즈로 죽어가는 사람을 위한 집을 열었다. 뉴욕뿐만 아니라 영국의 런던 그리고 호주의 멜버른까지 혼자 사는 노인이나 노숙자 그리고 에이즈 환자를 돌보았다.

"빵 한 조각으로 배를 채울 수는 있지만 마음까지 채울 수는 없습니다. 사랑이 부족한 사람은 배고픈 사람보다 더 가난한 것입니다."

세상이 필요로 하는 마더 테레사

인도에서 코코넛은 흔한 과일이다. 주로 즙을 마시고 껍질을 버리기 때문에 인도 거리에서 코코넛 껍질을 쉽게 볼 수 있었다. 테레사는 길에 아무렇게나 버려진 코코넛 껍질을 보고 중얼거렸다.

"오늘도 코코넛 껍질로 도로가 지저분하네. 코코넛 껍질을 한데 모으면 엄청나겠는걸. 저걸로 무언가 할 수 있으면 좋을 텐데."

널려 있는 코코넛 껍질을 보며 테레사는 무슨 좋은 방법이 없을까 고민했다. 그러다가 아주 좋은 생각을 떠올렸다.

"그래. 실을 뽑아 보자. 생긴 것도 마치 실뭉치같잖아."

테레사는 코코넛에서 실을 뽑았다. 그리고 그 실로 매트나 로프를 만들었다.

"수녀님, 수녀님 아이디어로 거리도 깨끗해지고 돈도 벌 수 있게 되었어요."

"맞아요. 이거야말로 일석이조네요."

사람들은 테레사의 반짝이는 아이디어에 감탄했다.

"무엇보다 가난한 사람들이 자신들도 무언가를 할 수 있다는 자신감을 가진 것이 중요하지요. 그렇다면 일석삼조가 되겠죠?"

테레사는 코코넛으로 만든 물건을 죽어가는 이들을 위한 집인 '니르말 흐리다이'나 '프렘 단' 병원에 주기도 하고 시장에 내다 팔기도 했다.

1975년 영국 제약 회사에서 사랑의 선교회에 건물을 기증했다. 마더 테레사는 이 건물에 장기요양소를 열고 '사랑의 선물'이라는 뜻의 '프렘 단'이라고 이름 지었다. 병원과 재활센터를 마련한 이곳에는 소아마비 어린이를 위한 시설과 정신병동까지 갖추고 있었다. 그리고 한 모퉁이에 가난해서 학교를 가지 못하는 아이들을 위한 학교도 열었다.

테레사는 아이들을 가르치는 일을 좋아했다. 그래서 성 마리아 학교를 그만둔 이후에도 아이들을 모아 가르치는 일을 멈추지 않았다. 수업은 오전과 오후로 나누어 했으며, 연필이나 공책을 살 형편도 되지 않는 아이들에게 석판을 나누어 주어 글을 가르쳤다. 테레사는 공부를 하러 온 아이들에게 우유와 비스킷을 나누어 주었다. 이곳의 아이들은 너무 굶주려 있어서 공부가 아닌 오로지 먹을 것을 위해 찾아오는 아이도 적지 않았다.

"그런데 수녀님. 비스킷은 왜 잘라서 주시는 거예요?"

늘 반으로 잘라서 나누어 주는 비스킷을 보고 한 아이가 물었다. 그러자 테레사는 아이에게 사랑을 가득 담아 말했다.

"이곳에서 주는 것은 꼭 네가 먹었으면 좋겠구나. 혹시라도 이 비스킷을 먹지 않고 돈으로 바꿀까 봐 걱정이 되어 그런 것이란다."

또한 범죄를 저지른 소녀들을 모아 직업 훈련을 시키는 '샨티 단(평화의 선물)'도 열었다. 인도에서는 죄를 지은 소년 소녀들은 교도소에 수감할 수 없고 감찰원에 수용해야 한다고 법으로 정해 두었다. 하지만 실제로는 감옥에 수감되는 경우가 많았다. 그곳에는 길에서 구걸하는 아이들과 부모가 알코올 중독자 또는 나환자인 아이들이 함께 수용되어, 가벼운 죄를 지은 아이도 더 나쁜 길로 빠지는 경우가 많았다.

"어두운 과거를 치유할 방법은 사랑뿐입니다. 아이들을 계속 어둠 속에 갇히게 할 수 없어요."

테레사는 샨티 단으로 데려온 여자아이들에게 사리를 입히고 재봉이나 자수를 가르쳤다. 그렇게 희망이 없어 보이는 아이들에게 스스로 살아갈 수 있도록 해 주었다.

1954년 어느 여름날, 앤 블라이키라는 여인이 찾아왔다. 인도 여성들을 위해 자원봉사를 하던 영국 사업가의 아내였다.

"수녀님, 수녀님께서 빈민가 아이들을 가르치고 쓰레기 상자에 버려진 아기를 구했다는 기사를 읽었습니다. 저도 아이들을 위해 크리스마스 파티 때 장난감을 만들어 주고 싶어요."

"감사합니다. 그런데 장난감보다는 옷을 만들어 주셨으면 좋겠어요."

블라이키 여사는 테레사의 뜻을 흔쾌히 받아들였다. 그리고 빈민가 어린이를 위한 옷을 만들기도 하고 기증받기도 했다. 크리스마스 때뿐만 아니라 이슬람교 어린이 축제를 위한 모금은 물론 나병 환자를 위한 모금까지 나섰다.

그런데 블라이키 여사가 갑자기 인도를 떠나 고향인 영국으로 돌아가게 되었다. 더 이상 봉사활동을 할 수 없을 거라 생각했지만, 런던에도 테레사를 돕고자 하는 사람들은 많았다. 블라이키 여사는 그들과 함께 '마더 테레사 위원회'를 만들었다. 그리고 변함없이 사랑의 선교회에 보낼 기부금을 모으기도 하고 옷을 보내기도 했다.

테레사가 영국을 방문해 블라이키 여사를 만난 적이 있었다. 테레사는 런던을 둘러보고 블라이키 여사에게 말했다.

"영국 런던에도 가난한 이들이 많군요. 블라이키, 인도가 아닌 이곳의 가난한 사람을 돕도록 해요. 먼 곳이 아닌 주변 사람부터 돌보아 주세요."

그 후 '마더 테레사 위원회'는 런던에 노인을 위한 집을 열어 가난하고 외로운 이들을 돕는 일에 적극적으로 나섰다.

"어디서든 불행한 이웃을 보살펴 주는 것이 중요합니다. 진심으로 다른 사람을 돌보는 것, 누군가에게 이웃이 되는 것은 중요한 사랑의 실천입니다."

테레사는 사랑의 선교회가 후원금이나 물질적인 도움을 주는 것에 그치지 않았다. 물질적인 가난보다 정신적인 부족함이 더 큰 상처라고 생각한 테레사는 이웃과 사랑과 희망을 함께 나누기를 바랐다.

우리나라에도 1977년에 사랑의 선교 수사회가 설립되었다. 그리고 1981년에는 사랑의 선교회 수녀회가 설립되었다. 뿐만 아니라 테레사가 우리나라를 방문한 적이 있었다.

첫 번째 방문은 1981년 5월 3일이었다. 김포공항에 내린 테레사는 늘 그렇듯 푸른색 띠를 두른 흰색 사리를 입고 맨발에 샌들을 신고 있었다. 그리고 짐이라고는 성경책과 갈아입을 옷 한 벌이 든 헝겊 가방 하나가 전부였다. '가난한 이들의 어머니'라 불리는 테레사가 온다는 소식에 공항에는 성직자와 신도는 물론 취재진 등 많은 사람들이 몰렸다.

"우와, 이게 무슨 일이야. 수녀님이 무사히 빠져나오실 수 있으려나."

테레사 수녀를 마중 나간 김수환 추기경[1]도 엄청난 인파에 깜짝 놀랐다. 자칫하면 일흔 살의 작고 왜소한 테레사가 환영 인파에 다칠 것만 같았다. 김수환 추기경은 마치 경호원처럼 테레사를 보호하기 위해 감싸안다시피 하며 김포공항을 빠져나왔다.

그 다음 날, 테레사는 서울에 '가마니촌'이라 불리는 판자촌을 찾았다. 한국전쟁 때부터 피난민이 들어와 살던 가마니촌은 서울 도시 개발로 살던 집이 철거된 사람들이 모여 살게 되었다. 가마니를 덮어 놓고 살 정도로 형편이 어렵다고 하여 '가마니촌'이라 불리는 이곳을 찾은 테레사는 힘들고 어려운

---

1 김수환 추기경: 우리나라 최초로 추기경이 된 성직자이다. 세례명은 '스테파노'이며, 가난한 이웃을 위해 봉사는 물론 우리나라 민주화 운동에도 앞장섰다.

사람들을 위로했다. 이튿날인 5월 5일에는 무료탁아소인 '새싹들의 방'에 들러 아이들과 어린이날을 함께 보냈다. 빡빡한 일정에도 테레사는 따듯한 미소를 잃지 않았다.

대학 강연에서 기자가 테레사에게 물었다.

"가난을 구제할 수 있으십니까?"

테레사는 기자의 질문에 대답했다.

"네. 여러분과 내가 가난을 나누는 순간 이미 가능합니다. 가난을 나누는 일은 어려운 일이지만 버림받아 죽어가는 일이 없도록 사랑을 실천한다면 세상의 가난은 사라질 것입니다."

그 후 1982년에 사랑의 선교 수녀회를 돌보기 위해 방한했고, 세 번째인 1985년에 방한했을 때는 나환자촌인 성 라자로 마을을 방문하기도 했다. 특히 군사분계선이 있는 판문점을 방문했을 때는 특별한 행사를 치르기도 했다. 당시 눈이 무릎까지 쌓였지만 테레사는 아랑곳하지 않고 성모 마리아 메달을 들고 판문점까지 찾아갔다. 성모 마리아 메달을 북한 땅에 던지기 위해서였다. 공산국가에도 평화가 깃들기를 기도한 테레사는 이전에도 서독과 중국 쪽으로 성모 마리아 메달을 던진 적이 있다. 판문점에서도 똑같은 의식을 치르려던 테레사는 군사 분계선에 이르자 미군 장교에게 성모 마리아 메달을 건넸다. 그러고는 꼭 북한 땅으로 던져 달라고 부탁하고 기도했다.

"성모님이 먼저 가셔서 저들을 살펴 주세요. 꼭 이 나라가 평화로운 통일을 이루기를 바랍니다."

1981년에 에티오피아를 다녀온 뒤, 테레사는 마음이 편하지 않았다. 심한 가뭄으로 수십만 명이 생명에 위협을 받을 위기에 놓였기 때문이다. 식품과 약품을 아무리 가지고 가도 턱없이 부족했다. 구조 활동이 자연재해의 피해를 따라가지 못했고, 아무리 국제 구호기관이 나서도 구호물자가 작은 마을에까지 닿지 못했다. 안타까운 마음에 고통받는 이들을 위해 기도하던 테레사는 문득 미국 대통령이 생각났다.

"어쩌면 많은 사람들이 나서면 더 많은 사랑을 얻을 수 있을지도 몰라. 되든 안 되든 일단 편지를 보내보자."

테레사는 당시 미국 대통령이었던 레이건 대통령에게 편지를 썼다. 그리고 약 일주일 뒤, 미국 백악관에서 전화가 왔다.

"수녀님, 편지 잘 받았습니다. 미국 국민들도 뜻을 모아 구호물자를 보내겠습니다."

그렇게 미국이 나서자 구조 활동이 이전보다 빠르게 진행되었다. 마을 구석구석 구호물자가 공급되었고, 오지에 있는 마을에는 헬리콥터가 식료품과 구호물자를 공급했다.

테레사는 자신을 필요로 하면 세계 어느 곳이든 가고 누구든 만났다. 상대가 누구든, 어떤 위험이 있든 마다하지 않았다. 몸이 아프더라도 고통받는 사람들이 있다면 모든 일을 제쳐놓고 달려갔다.

우리가 하는 일은 넓은 바다의 물 한 방울

1982년에 교황은 테레사가 레바논 베이루트로 가길 바랐다. 이스라엘과 팔레스타인 사이에 일어난 전쟁으로 희생된 사람들을 돕기 위해서였다.

"세계를 정복하려고 포탄과 총을 휘둘러서는 안 됩니다. 세계 모든 인간들의 마음에서 미움을 사라지게 해야 해요."

폭탄이 터지고 총소리가 사방에서 들리는 전투 지역에 장애를 가진 아이들이 갇혀 있었다. 아이들을 구하기 위해 많은 사람들이 의논을 했지만 뾰족한 수가 없을 때 테레사가 나섰다.

"이곳에 잠시나마 평화가 찾아올 수 있도록 휴전을 위해 기도하겠습니다."

그렇게 테레사가 기도를 하고 얼마 안 되어 끊임없이 들리던 대포와 총 소리가 갑자기 조용해졌다. 그 사이에 테레사는 아이들을 데리고 전투 지역에서 무사히 빠져나올 수 있었다. 모두가 두려워하는 전쟁터를 오가면서도 테레사는 자신에게 닥칠 위험은 두렵지 않았다. 오로지 아이들을 이 험한 곳에서 구해야 한다는 생각뿐이었다.

또 1991년 방글라데시 해안 지대에 큰 폭풍우가 몰아쳤을 때도 테레사는 떠날 준비를 했다.

"방글라데시로 가야 해요."

30만 명이나 되는 사람들의 목숨을 앗아 갔을 정도로 강한 파도가 휩쓸고 간 곳에 하루라도 빨리 가서 도움을 주고 싶었다.

"수녀님, 안 됩니다. 지금 심장병 치료를 받는 중에 어디를 가신다는 겁니까?"

의료진들이 말렸지만 테레사의 뜻을 막을 사람이 없었다. 테레사는 바로 자신의 결정을 실행으로 옮겼다. 되는대로 약품을 담아 수녀 둘과 함께 방글라데시에 도착했다. 그런데 누구에게 알릴 틈도 없이 도착하는 바람에 현지에서는 테레사가 온다는 것을 아무도 알지 못했다.

"아니, 저분은!"

자연재해를 취재하러 온 기자들은 테레사를 보고 깜짝 놀랐다. 제3세계의 자연재해는 이렇다 할 관심을 받지 못한다. 하지만 테레사가 가는 곳이라면 세계가 주목하고 구호 활동을 펼쳤다. 테레사가 그곳에 있다는 것만으로도 세계의 관심은 방글라데시로 몰렸고 구호물자도 속속 도착했다.

1992년 인도 봄베이에서 폭동이 일어났다. 인도의 힌두두교도와 이슬람교도 사이에 일어난 이 폭동은 해를 넘기면서까지 계속되었다. 그 탓에 많은 사람들이 다치고 목숨을 잃었으며, 도시는 불타 버렸다. 폐허가 되다시피 한 봄베이에 세계 곳곳에서 도움의 손길이 다가왔다.

"테레사 수녀님이 봄베이에 평화의 메시지를 전하실 수 있으면 좋을 텐데."

사람들은 테레사를 떠올렸지만, 당시 테레사는 건강이 아주 나빴다. 봄베이까지 오는 것은 불가능했다.

"테레사 수녀님이 많이 편찮으시대. 콜카타에서 오시기 힘들 거야."

그 때 누군가 아이디어를 냈다.

"잠깐, 우리는 수녀님의 메시지만 필요한 거잖아. 직접 오시라고 하지 말고 다큐멘터리 촬영 팀을 콜카타로 보내자. 그래서 수녀님의 메시지를 촬영해 오면 더 많은 사람들이 도움을 줄 거야."

그렇게 촬영 팀은 콜카타의 마더 하우스로 갔다. 그런데 마더 하우스의 사람들은 촬영 팀을 반기지 않았다.

"결국 오셨군요. 그렇지 않아도 봄베이에서 폭동이 일어났다고 하자 몸도 편찮으신데 굳이 폭동 피해자들을 보러 가시겠다고 어찌나 고집이신지…."

사람들이 걱정했지만 테레사는 오히려 촬영 팀을 환하게 맞이하며 식사도 대접하고, 아픈 몸이지만 최선을 다해 촬영에 임했다. 그리고 이튿날 새벽에 촬영 팀이 콜카타를 떠날 때도 맨발에 묵주를 잡고 모두를 위해 기도해 주었다.

테레사는 자신의 건강과 상관없이 자신을 필요로 하는 곳이라면 어떤 방법으로든 찾아갔다. 잠을 줄여가며 병자를 돌보고 후원자와 축복을 기다리는 사람들을 만났다. 그러면 전 세계가 테레사가 만나는 사람들과 가는 곳에 주목했다. 언론과 인터뷰하고 사진 찍는 것을 아주 싫어한 테레사였지만 이 또한 가난한 이들을 위한 자신의 희생으로 삼았다.

테레사가 가난하고 아픈 사람을 돌보는 모습은 마치 엄마가 아이를 돌보는 것 같았다. 어떠한 조건도 없이 넘치는 사랑을 주는 테레사에게 많은 사람들이 감동을 받았다. 일본에서 강연 했을 때도 테레사의 강연에 감동을 받은 일본 학생들이 인도 콜카타로 봉사를 가겠다고 지원했다. 그러자 테레사는 고개를 저었다.

"콜카타까지 와 주시겠다니 고맙습니다. 하지만 봉사하기 위해 콜카타로 오지 않으셔도 됩니다. 여러분의 이웃에 콜카타가 있다고 생각하세요. 그리고 여러분의 콜카타를 위해 일해 주세요."

테레사는 우리 집, 우리 마을에서부터 사랑을 실천하라고 했다. 멀리 있는 사람을 사랑하는 것보다 가까이 있는 사람을 사랑하기가 훨씬 어려운 일이라며, 곁에 있는 사람에게 먼저 사랑을 실천하라고 했다.

물론 테레사가 하는 일에 모든 사람이 찬성한 것은 아니다. 테레사와 사랑의 선교가 하는 일이 생각보다 많이 부풀어져 당연히 나서야 할 정부가 손 놓고 있는 게 아니냐는 비판이 있었다. 또한 테레사가 운영하는 병원이 비위생적이고, 환자에게 적절한 의료 서비스를 제공하지 못했다는 점도 지적했다. 그럼에도 불구하고 테레사의 헌신과 사랑은 아직까지도 많은 사람들이 인정하고 있다.

"우리가 하는 일은 넓은 바다의 물 한 방울에 지나지 않습니다."

테레사는 자신이 하는 일을 물 한 방울에 비유하며 그저 묵묵히 거대한 바다의 물 한 방울로 사랑을 실천할 뿐이라고 했다. 그리고 지금도 종교를 초월한 테레사의 봉사정신은 널리 퍼져 현재도 세계 곳곳에서 가난한 이를 돕고 곁에 머물고 있다.

하느님의 곁으로

테레사는 더욱 바빠졌다. 세계 곳곳을 누비며 구호의 손길이 필요한 곳이라면 어디든 달려갔다. 그렇게 바쁘게 생활하던 어느 날, 테레사는 로마의 성 그레고리오 성당에서 쓰러지고 말았다. 병원에 도착한 테레사는 심장병 진단을 받았다.

"수녀님, 이제 수녀님 몸을 돌보셔야 할 것 같습니다. 이대로라면 큰일 날 수도 있어요."

"아닙니다. 저를 기다리는 사람이 많아요."

테레사는 몸을 일으켜 병원에서 나오려 했다. 그러자 담당 의사는 단호하게 말했다.

"수녀님은 혼자의 몸이 아닙니다. 전 세계 사람들이 수녀님을 필요로 하고 있어요. 그러니 건강을 위해 쉴 것을 의사로서 명령합니다."

하지만 휴식도 잠시, 테레사는 병상에서 일어나 세계 곳곳을 누렸다.

1987년에 심장 발작을 일으켜 가슴에 심장 박동 조율기를 달았지만 테레사의 앞을 막지는 못했다. 테레사는 또다시 가난한 이들을 위해 쉬지 않고 일했다. 심지어 또 심장발작이 일어나고 말라리아에 감염돼도 테레사는 늘 힘없고 병든 가난한 이들의 곁을 지켰다.

어느덧 테레사도 여든 살이 넘었다. 병자를 돌보느라 허리는 굽었고 심장병 때문에 수술도 여러 번 받았다. 테레사가 수술실에 들어갈 때마다 가톨릭 수녀와 수사들은 물론, 불교와 이슬람교, 힌두교 등 종교를 넘어서서 모든 사람들이 테레사의 회복을 기도했다.

"수녀님, 이제 쓰러지시면 정말 목숨이 위태로울지도 모릅니다."

주위에서 테레사를 걱정했지만, 테레사는 잠시도 가만히 있지 않았다.

"아니에요. 이제 시간이 얼마 남은 것 같지 않아 제 마음이 더 급합니다. 몸과 마음이 가난한 이들에게 도움의 손길이 필요해요."

테레사는 치료비조차도 가난한 이들을 위해 쓰도록 하며 구호 활동을 멈추지 않았다.

어느 날, 테레사는 평소처럼 마더 하우스에서 새벽에 일어나 기도와 미사를 올렸다. 그리고 후원자에게 감사의 편지를 쓰며 평범한 하루를 보냈다.

하지만 밤이 되자 테레사는 고통과 함께 숨이 가빠졌다. 몸 상태가 여느 때와는 다르다는 것을 느낀 테레사는 힘들게 십자가에 입을 맞추고 속삭였다.

"주님, 이제 당신의 곁으로 가려 합니다. 부디 저를 거두어 주세요."

1997년 9월 5일, 테레사는 그렇게 조용히 하느님 곁으로 떠났다.

테레사가 세상을 떠나자 많은 사람이 마더 하우스 앞으로 모여 테레사를 위해 꽃다발을 바쳤다. 인도 정부는 테레사를 위해 국장을 치르고 장례가 끝날 때까지 조의를 표하는 의미인 조기를 게양하도록 했다. 국장은 대통령이나 총리에게만 할 수 있는 것이지만, 일반 시민으로는 간디에 이어 테레사의 장례가 두 번째 국장으로 치러졌다.

성녀, 기적을 일으키다

테레사가 세상을 떠난 지 1년이 되었을 때 사랑의 선교회에서 특별 기도회가 열렸다. 많은 사람이 테레사의 뜻을 이어받아 나눔을 실천하고 테레사를 위해 기도를 올리는 자리였다. 그 가운데 인도의 30대 여성인 모니카 베르사도 있었다. 베르사는 위암을 앓고 있는 환자로 배 속에 종양이 너무 크게 자라서 마치 임산부처럼 보였다.

그런데 기도를 올리던 베르사는 이상한 느낌을 받았다. 테레사의 사진에서 빛이 나고 있었던 것이다.

"오, 하느님!"

베르사는 벅차오르는 감동을 누르며 기도를 올렸다. 기도는 늦은 밤까지 계속되었다. 기나긴 기도를 하던 중, 베르사는 잠이 들고 말았다. 그리고 새벽 1시가 되어 잠에서 깨어났을 때, 베르사는 자신의 몸에 변화가 생긴 것을 알았다. 불룩했던 배가 가라앉은 것이다.

뿐만 아니었다. 모니카의 암을 치료하던 의사도 깜짝 놀랐다.

"세상에! 암 덩어리가 모두 사라졌어요. 도대체 무슨 일이 있었던 것입니까?"

"모르겠어요. 테레사 수녀님께 기도를 하고 난 후 이렇게 되었어요."

의사도 베르사도 놀라움과 함께 기쁨으로 가득 찼다.

"베르사, 의사로서 이 일을 어떻게 설명해야 할지 잘 모르겠어요. 하지만 의사 생활 가운데 겪은 가장 아름다운 경험 중 하나인 것은 틀림없어요. 축하합니다."

교황청에서는 베르사의 이 일을 기적으로 인정했다. 그리고 테레사를 성인 이전의 '복자'가 되었음을 선언했다. 교황청은 신앙을 지키기 위해 목숨을 바쳤거나 덕행이 뛰어난 성직자가 죽은 후에 두 가지 이상 기적을 일으키면 성인으로 추대한다. 테레사는 성인으로 초대되는 그 전 단계인 복자로 추대된 것이다.

그리고 2008년, 또 한 번 기적이 일어났다. 브라질의 마르시오 안드리노라는 사내는 뇌종양을 앓고 있었다. 병원에서 여러 가지 방법으로 치료해 보았지만 상태는 나아지지 않고 결국 혼수상태에 빠져 있었다. 갓 결혼한 마르시오 안드리노의 아내는 남편을 위해 테레사에게 기도를 했다.

"수녀님, 남편의 병이 낫도록 도와주세요. 제발 이 고통에서 저희를 구해 주세요."

그리고 마르시오 안드리노가 수술을 하기 위해 수술실에 들어갈 때도 아내를 비롯해 친척과 친구들이 기도했다. 그런데 수술실에서 마르시오 안드리노가 정신이 돌아오고 아무런 고통도 느끼지 않게 된 것이다. 게다가 의사는 과학적으로 설명할 수 없었지만 병이 다 나았다고 했다.

교황청은 마르시오 안드리노의 병이 완치된 것을 테레사의 또 다른 기적으로 인정했다. 그리고 2003년에 복자로 추대된 데 이어 2016년 9월 4일, 테레사를 성인으로 추대했다. 테레사가 1997년 선종한 뒤 19년 만의 일이다.

자신을 '하느님의 작은 몽당연필'이라고 표현한 테레사는 평생 가난하고 병들어 버려진 이들을 위해 살았다. 종교와 인종에 상관없이 하느님의 사랑을 실천하며 더 많은 이들이 더 많은 도움을 받을 수 있도록 자신의 몸을 아끼지 않았다. 세상을 떠났을 때, 다 낡은 무명옷 두 벌과 십자가만 남긴 테레사의 사랑은 지금도 많은 사람들을 어루만지며 기적으로 표현되고 있다.

테레사 효과

1988년 미국의 하버드 대학교 의과 대학에서 한 실험을 했다. 실험 대상자들에게 면역 항체 수치를 확인하고 마더 테레사가 힘없는 사람들을 돌봐주고 봉사하는 모습을 보여 주었다. 그 후 면역 항체 수치를 확인했더니, 실험 대상자들의 수치가 영상을 보기 전보다 높아지고 스트레스 지수는 반대로 줄었다고 한다. 또한 한 그룹 학생은 돈을 받는 노동을 하게 하고 다른 그룹 학생은 대가가 없는 봉사 활동을 하게 했다. 그러자 봉사 활동을 한 학생들의 면역 기능이 높아지고 나쁜 균을 물리치는 항생 물질이 생겨났다고 한다.

이처럼 자신이 직접 봉사활동에 참여했을 때뿐만 아니라 다른 사람을 돕는 것을 보기만 해도 인체의 면역력이 높아진다. 이것을 '테레사 효과'라고 한다. 나눔에 함께하는 것만으로도 정신적으로 많은 도움을 주고 행복지수가 높아져 몸에도 긍정적인 반응을 일으킨다는 것이다. 이러한 효과는 아프리카에서 의료 봉사로 일생을 마친 슈바이처의 이름을 따서 '슈바이처 효과'라고도 한다.

마더 테레사는 생전에 "나눔은 우리를 진정한 부자로 만들고, 나누는 행위를 통해 자신이 누구이며 무엇인지를 발견한다"고 했다. 유엔(UN)은 마더 테레사가 선종한 9월 5일을 '국제 자선의 날'로 제정해 마더 테레사의 평화와 나눔 정신을 기리고 있다.

① 테레사 수녀의 이름은 '아그네스'이다. 테레사 수녀가 받은 세례명은 무엇일까? (힌트 : '거룩한 장미 꽃봉오리'라는 뜻. p14)

_____

② 아그네스는 자신의 수도자 명을 무엇이라고 지었을까? (힌트 : 평소 존경하는 프랑스 리지외의 성녀의 이름에서 따온 것으로 '작은 꽃'이라는 뜻이다. p45)

_____

③ 테레사 수녀가 태어난 곳으로 예로부터 인종과 종교가 다른 사람들이 영토를 두고 끊임없이 싸우는 곳이다. 발칸전쟁이 일어난 이곳은 어디일까? (힌트 : p18)

_____

④ 테레사 수녀가 고통받는 사람과 함께하고자 떠난 곳은 어느 나라일까? (힌트 : 로레토 수녀원이 있는 곳, p43)

_____

⑤ 콜카타의 로레토 수녀원에서 지낼 때 모든 일에 적극적이고 헌신적인 테레사를 보고 학생들은 무엇이라고 불렀을까? (힌트 : '엄마'라는 뜻. p49)

_____

⑥ 테레사 수녀가 수녀복 대신 최하층 노동자인 청소부들이 입는 흰색 사리에 파란 줄무늬를 넣어 입고, 샌들을 신은 이유는 무엇일까? (힌트 : p68)

_____

⑦ 테레사가 콜카타의 모티즈힐에 마련한 봉사자들의 모임을 무엇이라고 할까? (힌트 : 1950년에 로마 교황청에서 승인을 받았다. p80)

_____

⑧ 마더 테레사가 사랑의 선교회 수녀들과 지내던 곳으로 십자가를 세우고 '나는 목마르다'라는 구절을 붙인 집은 무엇일까? (힌트 : p86)

_____

⑨ 테레사 수녀가 길거리에서 쓸쓸하게 죽어갈 사람들이 평화롭게 죽음을 맞이하도록 마련한 곳을 무엇이라고 부를까? (힌트 : '순결한 영혼의 집'이라는 뜻이다. p89)

_____

⑩ 콜카타 사랑의 선교회 본부 가까이에 만든 〈니르말라 시슈 브하반〉은 어떤 곳일까? (힌트 : 건강하지 못하거나 부모에게 버림받은 아이들을 위한 집이다. p95)

_____

⑪ 1979년 세상에 버림받은 사람들을 위해 애쓴 테레사가 받은 상은 무엇일까? (힌트 : 노벨이 만든 상이다. p120)

_____

정답 1. 아그네스 곤자 | 2. 테레사 | 3. 발칸 반도 | 4. 인도 | 5. 마더 | 6. 흰색은 거룩함을, 푸른 줄무늬 세 개는 성모님을 뜻하며 샌들은 테레사가 스스로 그들 곁으로 간다는 것을 뜻한다. | 7. 사랑의 선교 수녀회 | 8. 마더 하우스 | 9. 니르말 흐리다이 | 10. 버려진 아이들의 집 | 11. 노벨 평화상

어린이 도서 목록

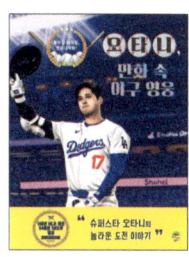

오타니, 만화 속 야구 영웅

채빈 지음 | 크라운판 변형 | 164쪽 | 15,000원

미국인이 사랑하는 베이브 루스를 소환한 야구 천재. 투수로 10승, 타자로 40홈런 이상을 기록하며 '만능 선수' 베이브 루스 이후 없었던 기록을 다시 쓴 오타니 쇼헤이. 만화 속 주인공 같은 그의 도전 이야기!

박지성의 열정, 도전, 전설이 된 축구 이야기

● 경기도학교도서관사서 추천도서 선정

도영인 지음 | 허한우 그림 | 크라운판 변형 | 164쪽 | 14,000원

불리한 신체조건을 극복하고 한국 축구 전설이 된 박지성 이야기. 태극전사 11년, 일본 교토상가FC, 네덜란드 PSV아인트호벤, 영국 맨체스터 유나이티드FC에서의 활약상을 만날 수 있어요.

강영우, 세상을 밝힌 한국 최초 맹인 박사

성지영 지음 | 이정헌 그림 | 크라운판 변형 | 136쪽 | 12,000원

가족들을 차례로 하늘나라로 떠나보낸 소년. 이 소년은 설상가상으로 눈까지 멀고 맙니다. 하지만 이 소년은 한국 최초의 맹인 박사는 물론 백악관 공무원까지 되었답니다.

이세돌, 비금도 섬 소년 바둑 천재기사

● 한국어린이교육문화연구원 으뜸책 선정

조영경 지음 | 이정헌 그림 | 크라운판 변형 | 120쪽 | 13,000원

2016년 3월. 인공지능 컴퓨터 알파고(AlphaGo)와 이세돌의 바둑 대국에서 알파고는 4승 1패로 인간 이세돌을 이겼습니다. 이 책에서는 인간 이세돌의 값진 1승과 함께 과학의 발전 그리고 이세돌의 집념과 천재성을 만나볼 수 있습니다.

스티브 잡스가 살아서 자동차를 만들었다면

황연희 지음 | 허한우 그림 | 크라운판 변형 | 164쪽 | 12,000원

애플, 매킨토시, 아이폰, 아이패드 등으로 21세기 문화생활을 획기적으로 변화시킨 위대한 혁신가 스티브 잡스의 모든 것을 알려줍니다. 뛰어난 혁신가의 이야기 속에서 어린이 여러분이 앞으로 무엇을 배워 나갈지 발견할 것입니다.

록펠러, 나눔을 실천한 최고의 부자

엄광용 지음 | 김정진 그림 | 크라운판 변형 | 152쪽 | 12,000원

석유 사업으로 세계 최고의 부자가 된 록펠러. 그러나 갑자기 시한부 생명을 선고받은 그를 구원해 준 것은 이웃에 대한 사랑, 나눔의 실천이었습니다. 록펠러 아저씨가 남긴 유산은 지금도 좋은 일에 사용된답니다.

법정스님의 무소유 이야기

조영경 지음 | 최주아 그림 | 크라운판 변형 | 144쪽 | 14,000원

법정스님이 태어나서 열반에 이르는 순간까지를 그리면서, 법정스님이 남겨 주신 교훈이 이야기로 재미있게 펼쳐져 있습니다. 어린이뿐만 아니라 어른에게도 필요한 무소유의 가르침을 만날 수 있습니다.

박영석, 세계의 지붕이 된 산사나이

이영준 지음 | 임하라 그림 | 크라운판 변형 | 144쪽 | 12,000원

남극과 북극 그리고 지구에서 가장 높은 산까지. 인간의 손이 닿지 않은 어떠한 곳도 두 발로 걸어간 박영석 탐험대장 이야기가 어린이들의 용기와 모험심을 키워줍니다.

메시, 마지막 월드컵에서 라스트 댄스를 완성하다

채빈·황연희 지음 | 이정헌·인아워 그림 | 크라운판 변형 | 176쪽 | 15,000원

축구 천재에서 축구 왕국 신전에 들어선 리오넬 메시의 축구 이야기입니다. 축구가 좋아서 고통을 견딘 메시의 열정과 최정상의 선수가 되기까지의 꺾이지 않는 마음과 노력을 담고 있습니다.

박찬호의 노력, 끈기, 전설이 된 야구 이야기

임진국 지음 | 허한우 그림 | 크라운판 변형 | 180쪽 | 15,000원

박찬호 선수는 메이저리거가 단 한 명도 없던 대한민국에서 최초로 미국 야구장에 우뚝 서겠다는 꿈을 꾸었습니다. 여러분도 무엇인가를 이루고 싶다면, 박찬호 선수처럼 긍정적으로 믿고 노력하세요.

박태환, 0.01초에 승부를 거는 희망의 마린보이

임진국 지음 | 이정헌 그림 | 크라운판 변형 | 152쪽 | 14,000원

세계에서 출발이 가장 빠른 선수 박태환. 그 박태환 선수도 올림픽에서 부정 출발로 탈락하는 아픔을 겪었습니다. 움츠러들게 하는 약점과 큰 좌절을 극복하고 올림픽 챔피언이 되기까지의 성장 이야기가 고스란히 담겨 있습니다.

이승엽, 기록의 사나이 한국 야구의 전설이 되다

● 한국어린이교육문화연구원 으뜸책 선정

임진국 지음 | 허한우 그림 | 크라운판 변형 | 152쪽 | 14,000원

야구를 좋아하던 장난꾸러기 어린이가 어떻게 아시아 최고의 홈런왕이 되었을까요? 그 비결은 바로 노력입니다. 노력은 결코 배신하지 않는다고 말하는 이승엽 선수의 모습은 어린이들에게 큰 감동을 줄 것입니다.

최경주, 그린 위의 챔피언이 된 완도 섬 소년

유정원 지음 | 허한우 그림 | 크라운판 변형 | 132쪽 | 12,000원

골프장이 커다란 닭장인 줄 알았던 한 소년이 자라나서 세계 최고의 골프선수가 됩니다. 그 모든 것을 이룰 수 있었던 것은 자신과 가족에 대한 믿음이었습니다. 초심을 잃지 않은 최경주 선수의 이야기는 감동과 재미를 줄 것입니다.

116년 만의 올림픽 금메달을 딴 골프 여제 박인비

조영경 지음 | 이정헌 그림 | 크라운판 변형 | 120쪽 | 13,000원

박인비는 LPGA US 여자오픈 최연소 우승을 비롯해 LPGA 17승, 아시아인 최초로 LPGA 투어 커리어 그랜드 슬램까지 훌륭한 성적을 거두었지요. 그리고 최연소로 LPGA 투어 명예의 전당에 오르고 올림픽 금메달까지 땄어요.

박세리, 한국 골프의 전설 희망의 맨발 샷을 날리다

성호준 지음 | 이정헌 그림 | 크라운판 변형 | 160쪽 | 14,000원

IMF 시절 온 국민에게 희망을 안겨 준 투혼의 상징, LPGA 대회 25승, 세계 골프 명예의 전당 최연소 입성, 한국 골프의 전설이 된 박세리는 어떻게 대선수가 되었을까요? 이 책에서 그 이야기를 감동적으로 만나볼 수 있습니다.

창의력 CEO 송승환의 멈추지 않는 상상력

송승환 지음 | 양민숙 그림 | 크라운판 변형 | 160쪽 | 13,000원

〈난타〉공연으로 세계적인 명성을 얻고, 평창올림픽 개폐회식 총감독까지 맡은 송승환의 창의력에 대한 이야기를 담고 있어요. 책벌레로 자란 어린 시절부터 배우와 공연연출가로 자신의 꿈을 이루어 간 이야기들을 들려줍니다.

쉿! 곰마를 구해줘요

●동물사랑실천협회 추천도서 선정

고정욱 지음 | 전지은 그림 | 크라운판 변형 | 120쪽 | 11,000원

4학년 철진이와 태수는 곰 농장에서 단란한 곰 가족을 발견합니다. 이 곰 가족을 지키기 위해 좌충우돌 감동의 모험이 펼쳐집니다. 동물에 대한 사랑과 어머니의 모정을 느껴보세요.

철가방을 든 천사

엄광용 지음 | 임하라 그림 | 크라운판 변형 | 148쪽 | 11,000원

우리나라에 나눔의 씨앗을 뿌리고 하늘로 올라간 철가방 천사 김우수 아저씨의 이야기가 재미있는 창작동화로 나왔어요. 김우수 아저씨의 아름다운 이야기를 읽으며 모두 진정한 나눔을 배워봐요.

엄마 아빠가 읽었던 지혜 쑥쑥 이솝이야기

성지영 엮음 | 손명자 그림 | 크라운판 변형 | 156쪽 | 13,000원

〈토끼와 거북이〉에서는 누가 경주에 이겼을까요? 포도를 먹지 못한 여우가 등장하는 〈여우와 신 포도〉에는 어떤 교훈이 있을까요? 엄마 아빠가 어렸을 때 읽었던 이솝이야기를 통해 재미와 지혜를 만나 볼 수 있어요.

아름답고 지혜 가득한 이야기 왕국 안데르센 동화

최연희 엮음 | 손명자 그림 | 크라운판 변형 | 186쪽 | 13,000원

안데르센 동화는 행복한 왕자와 공주들의 이야기에서부터 어려움을 당하거나, 가난한 사람들의 이야기까지 다양한 이야기가 들어 있어요. 엄마 아빠와 어린이들이 함께 이야기할 수도 있고, 상상력을 키워줄 수 있어요.

▌할머니가 엄마 아빠에게 들려주었던 전래동화

채빈 엮음 | 손명자 그림 | 크라운판 변형 | 176쪽 | 13,000원

전래동화는 할아버지, 할머니 그 이전부터 입에서 입으로 전해져 내려온 이야기입니다. 〈송아지와 바꾼 무〉, 〈의좋은 형제〉, 〈짧아진 바지〉 등 교과서에 나오는 전래동화를 읽으며 온 가족이 이야기꽃을 피울 수 있습니다.

▌난 일기 쓰기가 정말 신나!
● 한국어린이교육문화연구원 으뜸책 선정

조영경 지음 | 이중복 그림 | 크라운판 변형 | 264쪽 | 15,000원

이 책은 일기 쓰기를 힘들고 어려워하는 어린이들에게 재미있고 신나게 일기를 쓰는 법을 알려줍니다. 네 명의 아이들이 겪은 여러 가지 이야기 뒤에 일기를 써넣어 일상의 경험이 어떻게 일기로 쓰이는지 쉽게 알 수 있습니다.

▌난 독서록 쓰기가 정말 신나!

조영경 지음 | 이중복 그림 | 크라운판 변형 | 188쪽 | 15,000원

책을 읽고 나서 느꼈던 감동과 생각을 재미있게 정리하는 방법들을 알려주는 책이에요. 줄거리 쓰기, 마인드맵 그리기, 말풍선으로 표현하기 등 다양한 표현을 통해 독서록을 써나갈 수 있어요.

▌난 논술 쓰기가 정말 신나!
● 한국어린이교육문화연구원 으뜸책 선정

조영경 지음 | 이중복 그림 | 크라운판 변형 | 240쪽 | 15,500원

논술이란 내 생각을 논리적으로 정리한 글이에요. 근거를 가지고 생각을 정리하면, 친구들이 내 생각을 알 수 있을 거예요. 서로 반대되는 생각을 가지고 있더라도 논술로 상대를 설득할 수 있어요. 이 책은 그 방법을 알려준답니다.

전 세계 엄마 아빠가 읽어주는
지혜 쑥쑥 탈무드

김미정 엮음 | 김서희·허한우 그림 | 크라운판 변형 | 184쪽 | 14,000원

유태인의 5천 년 지혜를 모아 놓은 거대한 서적 탈무드를 어린이들이 쉽고 재밌게 만나볼 수 있도록 엮었어요. 12,000쪽의 탈무드 중에서 최고의 정수만 골라 7종류 45가지 이야기로 엮은 지혜의 책이랍니다.

세상에서 가장 재미있는 이야기 50

● 미국판 탈무드 도서

제임스 M. 볼드윈 지음 | 크라운판 변형 | 208쪽 | 9,500원

미국 교과서를 만든 볼드윈 선생님이 인류의 역사 속에 등장하는 가장 재미있는 이야기 50개를 모아놓은 책. 오랜 시간 동안 사람들의 가슴을 울리고 웃긴, 마법 같은 힘을 가지고 있는 재미있는 글모음입니다.

세상에서 가장 유명한
인물이야기 50

제임스 M. 볼드윈 지음 | 크라운판 변형 | 216쪽 | 9,500원

진짜 꽃을 찾아낸 솔로몬 왕, 선원의 꿈을 포기한 조지 워싱턴, 키 작은 이야기꾼 이솝, 시를 처음 써보는 롱펠로, 페달 보트를 발명한 로버트, 아기 새를 구해준 에이브러햄 링컨. 흥미진진하고 지혜로운 이야기들이 들어 있어요.

괴짜 화가 달리와 함께하는
아주 쉬운 미술사

은하수·이경현 지음 | 이정헌 그림 | 크라운판 변형 | 240쪽 | 14,000원

인류는 아주 먼 옛날 처음 지구 위에 등장하던 때부터 미술활동을 해왔다고 할 수 있어요. 미술사는 사람들의 생각과 미술활동이 어떻게 변해왔는지를 살펴보는 분야예요. 이 책은 미술사 공부를 아주 쉽게 할 수 있게 도와준답니다.

닐 암스트롱, 인류 최초로 달에 착륙한 우주비행사

조은재 지음 | 이정헌 그림 | 크라운판 변형 | 152쪽 | 14,000원

인류 최초로 달에 착륙한 우주비행사이자 평생을 겸손하게 살아온 닐 암스트롱 이야기. "한 인간에게는 작은 발걸음이지만 인류에게는 위대한 도약이다"라는 그의 말처럼, 암스트롱의 업적은 우주를 향한 위대한 도약이랍니다.

외규장각 의궤의 귀환 문화영웅 박병선

● 경기도학교도서관사서 추천도서 선정

조은재 지음 | 김윤정 그림 | 크라운판 변형 | 152쪽

이 책은 《직지심체요절》이 구텐베르크의 《42행 성서》보다 78년이나 앞선, 세계에서 가장 오래된 금속활자 인쇄본임을 밝히고 외규장각 의궤 297권을 찾아 대한민국에 반환하는 데 혁혁한 공을 세운 박병선 박사의 이야기입니다.

우리 신부님, 쫄리 신부님

● 한국어린이교육문화연구원 으뜸책 선정

채빈 지음 | 김윤정 그림 | 크라운판 변형 | 136쪽 | 14,000원

가장 가난하고 슬픈 마을인 '톤즈'에 찾아가 자신의 모든 것을 바쳐 나눔을 실천한 이태석 신부님의 이야기입니다. 모두가 외면한 그들에게 신부님이 친구가 되어주었고 이제 영원히 그들의 가슴속에 남았습니다.

가장 낮은 곳의 등불, 테레사 수녀

조영경 지음 | 임하라 그림 | 크라운판 변형 | 152쪽 | 16,000원

테레사 수녀의 탄생이 115주년을 맞이했습니다. 이 책은 하느님이 쓰신 몽당연필이라 불린 테레사 수녀님의 이야기입니다. 수녀님이 우리에게 남긴 희망과 공존의 가르침을 아기자기한 일러스트와 함께 전하고 있습니다.